AF299899

MANUEL

DU

SAVOIR-VIVRE

OU

L'ART DE SE CONDUIRE

selon les convenances et les usages du monde

DANS TOUTES LES CIRCONSTANCES DE LA VIE

et dans les diverses régions de la société.

PAR

ALFRED DE MEILHEURAT.

PARIS,

DESLOGES, ÉDITEUR, RUE CROIX-DES-PETITS-CHAMPS, 4.

1852.

MANUEL

DU

SAVOIR - VIVRE

OU

L'ART DE SE CONDUIRE

Selon les convenances et les usages du monde

Dans toutes les circonstances de la vie et dans les diverses
régions de la société.

PAR

ALFRED DE MEILHEURAT.

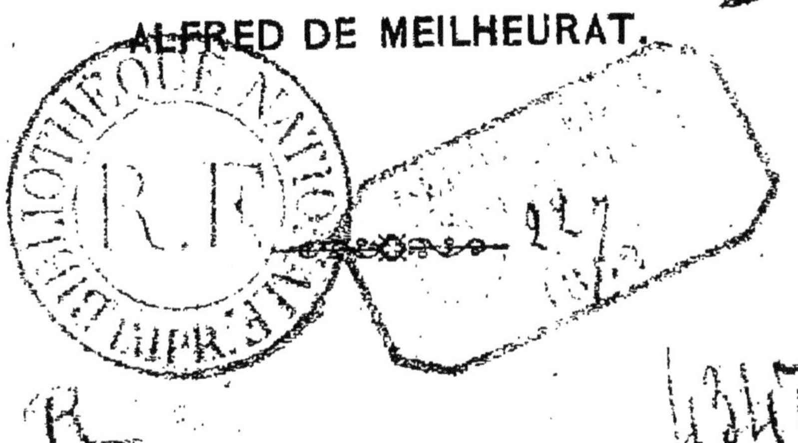

PARIS

DESLOGES, Éditeur, rue Croix-des-Petits-Champs, 4.

Poissy. — Typographie Arbieu.

INTRODUCTION.

Une grande lacune est laissée dans l'éducation de la jeunesse. On a la prétention d'apprendre aux hommes tous les arts utiles, et le grand art du savoir-vivre n'est enseigné nulle part d'une manière spéciale. L'expérience, dit-on, apprend à être homme du monde mieux que les meilleurs maîtres. Sans doute, mais n'aidez-vous pas votre enfant quand il marche pour la première fois. Si vous laissiez à l'expérience seule le soin de lui apprendre à marcher il serait meurtri avant d'avoir fait deux pas.

Le ridicule est l'arme la plus terrible; bien faire son entrée dans le monde est souvent un point capital. On flatte la fortune, on craint l'esprit, on aime le savoir-vivre. Un homme qui sait vivre est la providence d'une société. Il communique à tout ce qui l'entoure quelque chose de son bon ton ; l'herbe la plus vile sent bon en compagnie des roses. La science ennuie parfois, le bon ton fait toujours naître le sourire, jamais on ne souhaite son départ et chacun désire sa venue. Un aimable vieillard demandait un jour à être admis dans un cercle fort restreint, et comme il vit l'embarras dans lequel on se trouvait pour lui répondre, il prit une feuille de rose, remplit d'eau un grand verre, et la déposa délicatement sur le vase plein. Pas une goutte d'eau ne tomba. Le spirituel vieillard fut admis sur-le-champ avec un murmure flatteur. Il en est de même du savoir vivre, comme la feuille de rose il ne saurait être de trop nulle part. Apprenez donc à vivre, c'est la clef d'or du bonheur et souvent de la fortune. A mérite égal et même inégal, l'homme de bon ton l'emportera toujours, soit qu'il demande un emploi, soit qu'il ambitionne la main d'une femme. Et que de désagréments il s'évite. On ne saurait calculer les suites d'une impolitesse, volontaire ou non. Toutes les modes passent, les empires tombent ; seul le savoir-vivre conserve sa puissance, il est de tous les temps et de tous les lieux où règne la civilisation qu'il a créée.

On ne saurait trop apprendre les bonnes manières. Béranger m'écrivait un jour qu'il avait consacré toute sa vie au génie de l'étude de la langue française et qu'il désespérait de l'approfondir jamais assez. Eh bien ! il est aussi difficile de bien connaître l'art du savoir-vivre et cela est tout aussi utile que de posséder le génie de sa langue, puisque c'est le moyen de le faire valoir. Qu'on ne se croie donc pas un parfait homme du monde quand on a posé le pied dans quelques salons, ces salons fussent-ils situés au faubourg St-Germain.

Que d'hommes sans éducation j'y ai rencontré.

On n'est pas homme de bonne société parce qu'on a hanté la bonne société. Les plus beaux arbres prêtent leur ombre à des chardons.

Qu'on se garde donc bien de s'imaginer qu'il faut imiter tout ce qu'on voit dans un salon. Les ridicules et les extravagances fourmillent dans ces temples de la mode et du goût et c'est précisément là le plus grand écueil qui attend le jeune homme novice dans l'étude de la science des bonnes manières. Un certain tact naturel lui devient indispensable. Ici les avertissements du maître ne suffisent plus. Au milieu de l'enivrement que donnent la beauté, les parfums, l'harmonie, le feu roulant de bons mots d'une société choisie on perd aisément la tête. Nous essaierons de mettre les jeunes imaginations en garde contre ces éblouissements que nous avons éprouvés nous-même, hâtons-nous de le dire ; ce ne sera pas la partie la moins intéressante de ce livre.

MANUEL DU SAVOIR-VIVRE.

CHAPITRE PREMIER.

Entrée dans le monde.

Vous sortez de votre étroit collége ou du petit cercle de la famille, une scène plus vaste vous attend. Le monde est là devant vous, et avant d'avoir mis le pied sur cette mer pleine de naufrages vous en redoutez déjà instinctivement les écueils. Vous tremblez comme le soldat un premier jour de bataille. C'est que c'est réellement une bataille, une première bataille que vous allez livrer. Mais, rassurez-vous, toutes ces choses qui vous effraient si fort ne sont pour la plupart que les ailes de moulin que Don Quichotte prenait pour des bras de géants. Tous ces princes de la mode qui font tant de bruit autour d'eux ne sont pas ce qu'ils vous paraissent. Abordez-les hardiment, vous en aurez bon marché. Passez ensuite, sans perdre votre temps, devant tous ces ridicules, péchés mignons du beau monde, qui sont la charge du bon ton dont ils prétendent être la plus gracieuse image. Laissez-vous conduire loin de l'extravagance et du maniéré ; et tout d'abord ne soyez pas trop timide. La timidité paralyse l'esprit que vous avez et vous empêche d'acquérir celui que vous n'avez pas. Elle nuit à l'observation et l'observation est la base de toute science. Vous vous croyez ignorant et il se peut bien que vous le soyez; eh bien ! soyez sobre de discours. Nul ne vous saura mauvais gré de ne pas faire preuve de faconde ; mais ce qu'on ne vous pardonnera pas c'est de blesser, par une réponse saugrenue , ou de ne pas répondre. On taxera l'un de ces manques d'usage de sottise , et l'autre d'impolitesse. Et il ne faut être ni sot ni impoli à son début dans le monde. C'est une tache qui reste , c'est une mauvaise odeur dont vous ne pouvez pas vous désinfecter. C'est déjà un grand tort d'être maladroit , mais on pardonne une maladresse.

Voici un exemple des suites ordinaires de la timidité.

« Arthur D*** avait vingt-deux ans ; après
» avoir fait d'excellentes études, il avait par-
» couru presque toute l'Europe pour achever
» son éducation. C'était un jeune homme très-
» instruit, de haute intelligence ; il réunissait
» toutes les qualités qui constituent l'homme
» d'élite ; mais il était d'une timidité extrême,
» qui paralysait tous ses moyens. Au retour
» d'Arthur, son père, homme haut placé,
» voulut le produire dans le monde, espérant
» que cette déplorable faiblesse ne tarderait
» pas à disparaître ; mais il reconnut bientôt
» que la cure serait difficile. Pourtant M. D***
» ne se découragea pas : suivant son fils de
» l'œil dans toutes les réunions, il le pilotait
» en quelque sorte du regard, et il s'empres-
» sait de lui venir en aide lorsque cela lui pa-
» raissait nécessaire.

» Arthur, lui dit-il un jour, nous dînons
» aujourd'hui chez le baron de T***, mon ami
» intime, qui désire te connaître. Il y aura
» soirée ; tu te trouveras là au milieu des plus
» jolies femmes de Paris ; j'espère, que cette

» fois, tu voudras bien quitter ta timidité de
» collégien. Tu as de l'esprit, que diable ! tu es
» bien taillé ; je suis riche, il n'en faut pas
» tant pour faire bonne figure partout... et
» puis, en attendant l'heure du dîner, nous
» irons faire visite à **M. H. V***, le roi des pein-
» tres modernes. Nous le trouverons probable-
» ment dans son atelier, entouré de quelques
» joyeux artistes dont les saillies te mettront en
» verve.

» Ces saillies, dont parlait son père, étaient
» précisément ce que le pauvre Arthur redou-
» tait le plus ; mais il fallut qu'il en prît son
» parti. Deux heures après il entrait dans l'ate-
» lier du peintre. H. V*** n'avait près de lui
» qu'un jeune élève, et Arthur s'en réjouit. En-
» hardi par l'accueil bienveillant du célèbre
» artiste, qui mettait la dernière main à une
» de ses plus belles toiles, achetée à l'avance
» par un prince royal, il se montra amateur
» éclairé, instruit ; son père ne l'avait jamais
» entendu s'exprimer avec autant de facilité,
» et il en était enchanté. Hélas ! plus que
» jamais la roche Tarpeienne était près du Capi-
» tole.

» La porte s'ouvre ; on annonce monseigneur
» le prince de ***, qui vient voir le nouveau
» chef-d'œuvre du peintre. Le prince entre ;
» monsieur D***, qui a l'honneur d'être particu-
» lièrement connu de son altesse royale , s'em-
» presse de saisir cette occasion pour lui pré-
» senter son fils. Arthur salue profondément.
» Le prince lui adresse quelques paroles obli-
» geantes ; il salue de nouveau en faisant un
» pas en arrière, et , dans son trouble, il va
» frotter du coude et de l'épaule ce tableau
» tout frais, que le célèbre artiste, tenant en-
» core sa palette à la main, venait de retoucher
» sur plusieurs points.

» Grand Dieu!... ma toile ! s'écrie M. H. V***.
» Arthur achève de perdre la tête ; il voudrait
» que la terre s'ouvrît pour l'engloutir, et dans
» son agitation il oublie d'essuyer son habit
» tout bigarré des couleurs du tableau. Mon-
» sieur D*** souffrait horriblement. Il s'abstint
» néanmoins de faire des reproches à son fils ,
» et il s'efforça au contraire de le rassurer. On
» alla ensuite chez M. T***. Le dîner se passa
» sans encombre. La soirée commença aussi
» très-heureusement. Mais Arthur s'avisa de

» danser. Tout à coup, plusieurs cris s'élèvent :
» C'est affreux! C'est une horreur... on regarde,
» on se presse et on voit deux charmantes dan-
» seuses dont la robe blanche avait pris les bi-
» garrures laissées au coude d'Arthur par le ta-
» bleau de M. II. V***. »

En évitant la timidité, craignez de tomber dans l'impertinence. Le monde est plein de fats qui interrompent à tout propos, parlent haut, comme s'ils méritaient seuls d'être écoutés, et jugent en dernier ressort et d'un seul mot les plus grandes choses. J'ai vu dans nos théâtres des hommes qui se croient de grands personnages, couvrir par le bruit de leur conversation les paroles des acteurs. J'entendis un jour un extravagant dire qu'un ouvrage, regardé comme un chef-d'œuvre, n'était qu'un plat et fade tableau. L'avez-vous tout lu ? m'avisai-je de répondre? Moi, monsieur, s'écria-t-il? je ne lis pas les sots écrits. Mais alors, m'écriai-je, comment faites-vous pour savoir qu'ils sont tels. Eh parbleu! me dit G***, monsieur l'entend dire, puis il le répète.

Fût-elle faite avec beaucoup d'esprit, une impertinence n'est jamais pardonnable. Le duc de Richelieu raconte le trait suivant dans ses *Mémoires* :

Un des premiers jours de carnaval après son premier menuet, la princesse de Bourgogne invita le duc de Brissac; il était d'usage que l'homme rendait le menuet à la dame qui l'avait pris. Le duc de Brissac, le menuet fini, laissa pourtant madame la duchesse, pour prendre une autre dame. L'impolitesse fut remarquée de tout le monde. La duchesse, qui s'était déjà levée, fut obligée de s'asseoir, ce qui occasionna une espèce de murmure. Le duc continua sa danse avec sa dame qui dansa avec le duc de Richelieu l'autre menuet. Quand j'eus fini le menuet, dit l'historien, « au lieu d'aller prendre celle que j'aurais dû, je pris la duchesse de Bourgogne. »

C'était une leçon donnée au duc de Brissac, et toute la cour applaudit. Cependant le duc de Richelieu n'en faisait pas moins une impertinence de son côté, tout en châtiant avec esprit celle de monsieur de Brissac. Il est vrai de dire que le spirituel neveu du grand Richelieu était alors adolescent. Il devint plus tard le plus charmant homme du monde de son siècle.

Pour être homme de bonne compagnie, il ne suffit pas d'éviter les impertinences inexcusables. Il faut encore savoir parler à propos, être exact. On a dit que l'exactitude était la politesse des rois. Qu'elle soit celle de tout le monde.

Quand vous possédez parfaitement la science des usages du monde, ne croyez pas que pour cela vous plairez à tous. La fable du Meunier, de La Fontaine, sera éternellement vraie. Il est des positions dans lesquelles le plus grand savoir-vivre ne peut tirer d'embarras. Cependant il est un moyen presque infaillible de toujours plaire. Chacun a son côté faible, il ne s'agit que de le trouver. Le côté faible découvert, vous ne connaissez ni le savoir-vivre ni le savoir-faire, si vous ne vous rendez pas maître de l'esprit des personnes que vous voulez charmer. Un autre moyen d'être toujours aimable, c'est de donner de l'esprit aux gens avec lesquels vous vous trouvez; pour cela, connaissez leurs goûts, leurs habitudes, les arts qu'ils cultivent. Ne les sortez pas de là, et vous les verrez toujours de bonne humeur vous proclamer le plus spirituel des hommes, et ne pouvoir se passer de vous. Vous ne saurez pas vivre si vous parlez musique à un agronome, et si vous lisez du Tibulle à un vieux soldat. J'ai rencontré dans le monde un grand nombre d'hommes qui ne savent parler, les uns que de leurs canons, les autres que de leurs vaisseaux. On les écoute d'abord avec curiosité; mais le même jeu n'ayant pas de cesse, on se fatigue et on bâille. Il n'y a pas de savoir-vivre qui puisse étouffer ces bâillements-là.

Molière a trouvé plusieurs espèces de fâcheux; cependant il en a oublié plus encore qu'il n'en a dépeint. C'est l'espèce la plus commune des impolis. Et ne confondons pas ce mot avec incivil. Il y a entre ces deux termes la différence qui existe entre une botte cirée et un escarpin verni. L'un peut aller jusque chez les princes, l'autre s'arrête après avoir passé le seuil du salon bourgeois, sauf exception. Jean Bart fumait sa pipe dans le palais du roi. L'héroïsme a des priviléges qu'on ne permet pas au commun des mortels.

Parmi les fâcheux, nous devons placer l'avocat de société. S'il est sans cause il n'est certainement pas sans effet. Qu'il regarde autour de lui quand il a parlé pendant une heure, il verra le salon désert : il produit le vide. C'est là sa science.

Une autre variété du fâcheux, c'est l'homme qui vous prend par la boutonnière, approche son visage si près du vôtre, que vous sentez son souffle, et ne consent à vous laisser aller qu'après vous avoir tenu un bon quart d'heure dans cette position. Vous êtes heureux encore si de ses dents, mal jointes, ne s'échappent pas des jets de salive et s'il ne vous écrase pas l'orteil en frappant du pied pour donner plus de force à ses arguments.

Le faquin tient la tête de la phalange des impertinents. Dans la rue il porte sa canne sur l'épaule et accroche les chapeaux, ou, du bout de cette canne, désigne tel homme ou telle dame dont il se moque. Il se dandine en relevant sa moustache en croc, et en lorgnant une jeune femme avec affectation. Tout cela est d'un suprême mauvais ton. Le faquin dandy a son piédestal, chez le coiffeur dans une revue de modes. Le faquin a une conversation très-intéressante ; il vous parle de la livrée de son groom, du dernier cheval qu'il a crevé à la chasse, de ses exploits sur un terrain où nous ne le suivrons pas, de l'émeraude de sa pomme de canne. Vous entrez chez lui, il prend un air de conquérant, se dépouille de sa robe de chambre comme un empereur romain devait se dépouiller de sa robe de pourpre, puis il s'écrie en passant dans son cabinet de toilette : Désolé, mon cher, de ne pas vous tenir compagnie; mais je suis attendu chez la petite princesse de C***; et il passe un habit, se gante de blanc, siffle son groom. Si vous le suivez, vous le voyez entrer dans un estaminet.

Nous serons moins sévère pour les dames, et elles méritent réellement d'être mieux traitées. Si le bon ton se perdait un jour, il se retrouverait dans ces charmantes petites têtes qu'on appelle les Parisiennes. Il y a une délicatesse extrême dans le goût d'une femme, quelque chose d'exquis, de fin, de gracieux complétement ignoré de notre sexe. Les femmes de goût sont en majorité, en France du moins. Elles ont un tact parfait, et c'est en se jouant qu'elles apprennent les usages du monde. A vingt ans, âge où nous débutons sur le théâtre des belles manières, elles sont déjà si savantes, que nous pouvons les prendre pour professeurs. Professeurs aimables, mais lutins terribles qui commencent par faire perdre la tête à leurs élèves. L'homme habile doit confier à sa femme le soin de recevoir son monde, de faire les honneurs de ses fêtes, elle s'en acquitte toujours mieux que lui. C'est son élément, elle domine, elle trône dans un salon, elle vous enchaîne à ses pieds avec des chaînes d'or. Elle devine vos faiblesses, elle sait prendre toutes les voix de la persuasion. Apprenez d'elles les usages du monde. La duchesse de Bourgogne forma le duc de Richelieu, et il fut un prodige de courtoisie.

Il y a bien cependant quelques femmes de mauvais ton. Toutes les pommes d'or du jardin des Hespérides n'étaient pas sans tache. Molière nous a peint les ridicules de la prude Arsinoë et des précieuses, et des femmes savantes. Juvénal surtout a été implacable ; nous ne pouvons nous résoudre à être si méchant. Les prudes, dans notre pays, ennemi de toute hypocrisie, sont fort rares. Nous trouvons encore quelques précieuses, quelques femmes savantes peu versées dans l'art des bonnes manières. Bonaparte se moquait de la toilette extravagante de madame de Genlis et de madame Staël. Mais généralement les femmes sont tellement en garde contre les piéges que peut leur tendre le mauvais goût, qu'elles y tombent rarement. Elles sentent qu'une femme dont les manières sont communes est pardonnée moins facilement encore qu'un homme de mauvais ton. Tous les petits soins qu'exigent les modes, la politesse, sont surtout de leur domaine.

CHAPITRE II.

On ne saurait mettre trop de soin dans l'arrangement de sa toilette. Beaucoup de gens jugent l'homme sur la mise, et ont rarement tort Une mise propre, décente, sans extravagance, annonce presque toujours une personne d'ordre et des idées saines. Se mettre convenablement, c'est respecter les autres et se respecter soi-même. Taillez donc ces longues barbes qui descendent en fourche sur la poitrine, ne laissez jamais croître vos cheveux au delà de l'oreille; ayez soin que vos ongles ne soient pas en deuil et ne fassent pas, par leur longueur, ressembler vos mains à celles d'un magot chinois. L'habit noir et le pantalon noir sont de rigueur pour une première visite, pour un grand repas, pour un grand bal. Le gilet blanc ou de satin noir sont également bien portés dans ces circonstances. Les visites de grande cérémonie exigent l'escarpin verni et le gilet blanc. La main doit toujours être gantée ; l'homme de bon ton ne danse qu'avec des gants blancs. On reconnaît un homme distingué à la finesse du linge, au soin qu'il met à être toujours bien chaussé, coiffé et ganté. Le plus qu'on le peut, il faut toujours sortir ganté, c'est une des marques distinctives de l'homme bien élevé. Une de vos mains peut être découverte, c'est celle que vous devez donner si vous rencontrez un homme de votre connaissance.

Les bagues et les grosses chaînes d'or sont des ornements de mauvais goût. La chemise doit être sans boutonnière en dessus, finement piquée et bordée parfois d'une légère broderie. Le col ne doit dépasser la cravate que de quelques lignes.

On a fait un règlement spécial pour les habits d'ordonnance, nous y renvoyons le lecteur pour tout ce qui touche à cette matière, en lui rappelant toutefois le trait suivant :

. « M. Séguier, ancien premier président de la Cour royale de Paris, refusa, en audience publique, de recevoir le serment que venait prêter, comme gouverneur du château de Versailles, un brave officier qui se présentait en redingote noire et un simple ruban rouge à la boutonnière. — Vous auriez dû mettre votre uniforme et vous mettre en grande tenue, lui dit le premier président. — « Quand j'ai l'honneur d'aller chez le roi, j'ai toujours soin de mettre mon plus bel habit. »

C'était pousser un peu loin l'observance de l'étiquette. Quelques conseils aux dames maintenant. Ce point est délicat. La toilette est, pour une femme, une véritable étude, elle y consacre le tiers de sa journée, et, sûre d'être savante dans son art, elle ne souffre guère les observations du critique. Toutes cependant n'évitent pas l'écueil du mauvais ton. J'ai vu des robes dont les couleurs trop voyantes ou trop bigarrées gâtaient l'effet produit par la richesse du tissu. Il faut aussi que toutes les pièces de l'habillement soient bien assorties et aient entre elles une agréable harmonie. N'allez pas mettre un lourd chapeau de velours avec une robe blanche de fine mousseline, ni un chapeau de couleur sombre avec une fraîche toilette de printemps. Evitez aussi la réunion de couleurs qui attirent l'épigramme, telles qu'une robe paille, par exemple, avec un chapeau vert. Si votre teint n'est pas d'une entière blancheur, gardez-vous encore du terrible chapeau vert. Vos méchantes rivales ne manqueraient pas de dire que votre visage ressemble à un citron entouré de ses feuilles. Pardonnez-moi ces petites leçons de coquetterie, il vous est si facile de me prouver que vous n'avez pas besoin de maître. La coiffure est aussi une grande affaire. Le bandeau sied bien au type grec, les boucles vont mieux à ces têtes mignonnes et expressives qui ressemblent à la belle Ninon. Mais quel que soit votre genre de physionomie, fuyez le vaste échafaudage de dentelles mêlées aux tresses, choisissez aussi vos fleurs avec goût et ne les entassez pas. Des brins de bruyère, des délicates fleurs de jasmin, une petite rose blanche, voilà de simples ornements qui parent bien une coiffure de jeune fille, et encore doit-elle porter ces fleurs avec sobriété.

La femme mariée se permet des ornements

plus riches que la jeune fille. Une plume d'oiseau de paradis peut orner son chapeau, une rivière de diamants couvrir ses épaules, un camélia, un épis d'or briller dans une touffe de ses cheveux. Une robe de velours lui sied et serait ridicule portée par une enfant de seize ans. A elle le luxe, à la jeune fille la modeste parure. Je conseillerai, toutefois, aux femmes mariées comme aux jeunes filles, de se défier des modes qui ramènent les robes à volants et des coiffures historiques que remettent en vogue les Croisat. Il y a sans doute des modes antiques qui étaient de fort bon goût, mais elles sont rares et elles manquent généralement de simplicité et de naturel.

Une observation importante à faire, c'est que la plus belle toilette ne ressort avec tous ses avantages, qu'à la condition d'être bien portée. Les jeunes filles se guindent d'ordinaire, et le tissu qui les couvre semble prendre quelque chose de leur raideur. La célèbre Sapho veillait à l'arrangement même des plis de robe, et ce n'était pas une Française. Heureuse la femme qui sait donner de la souplesse à son corsage, des mouvements gracieux à sa charmante tête, elle paraîtra toujours bien parée.

Je conseillerai encore à nos jeunes gens de proscrire la fantaisie bizarre qui les porte souvent à adopter les ridicules de nos voisins les Anglais. L'espèce de canne empruntée à cette excentrique nation est, par exemple, souverainement grotesque, nous avions déjà reçu d'elle une mode de chapeau qui n'était pas moins extravagante.

Visites et présentations.

Une visite ne doit jamais se faire avant midi, surtout si vous vous rendez chez une dame ; la matinée d'une femme doit toujours être respectée. Vous seriez importun et mal élevé en manquant à ce devoir de bonne société. Votre visite doit être courte ; si quelqu'un est annoncé, saluez et retirez-vous, à moins que vous ne soyez en grande connaissance avec le maître de la maison et le nouveau visiteur, et qu'on ne vous invite à rester. La visite de condoléance doit être la plus courte de toutes ; il est de mauvais ton d'entasser des consolations banales. Les visites après bals ou soirées et de jour de l'an, se font dans le mois. Il est d'usage de faire ces dernières par carte. Il est de bon goût que cette carte soit mise dans une enveloppe portant l'adresse de la personne à laquelle elle est adressée. Ces cartes à enveloppe peuvent être envoyées par la poste si on est éloigné. Mais, dans la localité qu'on habite, on doit les faire porter. Quand on porte soi-même une carte, on fait une corne à l'un de ses coins.

Si vous trouvez quelqu'un dans l'escalier, vous devez vous découvrir, quelle que soit cette personne. Vous en faites autant devant la personne qui vous introduit.

Si vous avez une canne, vous devez la garder à la main, et ne faites pas trop de bruit avec vos talons de bottes.

Gardez-vous bien de demander l'heure ou de tirer votre montre durant une visite ; évitez de cracher sur le parquet, n'avez-vous pas votre mouchoir pour cet office. Mettre, en entrant, son chapeau sur un meuble quelconque, est de mauvais ton ; le mettre sur un lit est impardonnable. Il faut, ou le laisser avec votre par-dessus dans la chambre voisine, ou le garder à la main entre les deux genoux. Croiser les jambes est impoli, trop allonger ses pieds ne l'est pas moins.

Dans quelque société que vous soyez, vous couvrir devant une dame est inexcusable. Louis XIV, un jour qu'il sortait à pied du château de Versailles, se découvrit devant une marchande de gâteaux qui stationnait près de la grille. Les courtisans qui l'environnaient ayant laissé voir la surprise que cela leur causait : « Messieurs, leur dit le monarque, la mère du roi n'est-elle pas une femme ? »

A l'article Toilette, nous avons dit qu'elle était la mise convenable pour faire une visite. Nous y renvoyons le lecteur.

Quand le visiteur se retire, vous devez le reconduire jusqu'à la porte d'entrée, et lui éviter la peine de l'ouvrir. Si vous recevez la visite d'une femme ou d'un vieillard, il est bien de les reconduire jusqu'au bas de l'escalier.

Dans quelques grandes maisons, l'arrivée d'un visiteur d'une condition inférieure n'interrompt que pour quelques instants la lecture du journal. Le grand personnage croit ainsi se donner de l'importance, il ne se donne que du ridicule.

Nous ne dirons que quelques mots de la présentation. C'est toujours avec la même banalité qu'on en observe les règles : « J'ai l'honneur, monsieur, de vous présenter un jeune homme très-distingué par son talent. » « J'ai l'honneur de vous présenter mon meilleur ami, etc. » Le présenté s'incline ; le maître de la maison répète sa phrase aimable qu'il a redite mille fois à mille autres *présentés*. Si le présenté a de l'esprit, il trouve une réponse spirituelle, et la cérémonie de la présentation est faite.

N'oubliez pas de vous servir du grattoir et du paillasson placés à l'entrée de la porte, et n'allez pas paraître les pieds crottés dans un salon.

N'ayez pas l'air d'inspecter du regard les meubles d'un salon comme si vous vouliez vous en rendre acquéreur.

Vous ne devez pas ôter vos gants durant une visite ; si vous brossiez votre chapeau avec votre main comme le font certaines gens, vous passeriez pour un homme du plus mauvais genre.

Lorsque quelqu'un entre dans un salon , l'usage veut qu'on se lève. L'homme de bureau est seul exempt de cet usage, dans son cabinet. Il peut aussi couvrir sa tête d'une toque.

Une femme ne met pas son adresse sur une carte de visite.

Soirées, bals.

Une lettre d'invitation pour un grand bal, doit être faite huit jours au moins à l'avance ; les préfets et sous-préfets doivent donner l'exemple de cette marque de savoir-vivre. Il faut le temps à une femme de préparer sa toilette. La maîtresse de la maison vient vous recevoir, et après les compliments d'usage, qui doivent être très-courts, si vous connaissez quelque dame dans la société, n'oubliez pas, en passant près d'elle, de vous arrêter pour lui adresser un mot de flatterie. Si vous présentez un ami dans une soirée, ayez soin de lui faire connaître le nom des principaux personnages qui la composent. Vous lui évitez souvent, par là, beaucoup de sottes paroles, car il n'est pas rare de voir un jeune homme inexpérimenté laisser échapper quelques mots blessants contre des personnes dont il ignorait la présence. Il faut se tenir sur ses gardes contre ces intempérances de langue avec les personnes qu'on voit pour la première fois. Vous avez, sans doute, vu jouer *Un Ménage parisien*. Dans cette pièce, des jeunes gens parlent légèrement d'une femme dans un bal; le fils de cette dame était là, il entend tout, il demande raison de l'offense faite à sa mère, et il se bat en duel le lendemain. Cette fois le théâtre a dit la vérité et a été l'écho fidèle de scènes trop fréquentes dans le monde.

Mettez des gants blancs pour aller au bal; il est de mauvais ton de danser en gants de couleur. Évitez d'inviter trop souvent la même danseuse, on vous remarquerait, et vous seriez taxé de fatuité. Il est poli de faire danser parfois les personnes que leur peu de charmes condamne à la peine terrible de rester en tapisserie. On vous sait gré de ces attentions, surtout si vous vous acquittez de cette politesse avec tact.

N'allez pas, en sortant d'une soirée, chercher où est le maître de la maison. On vous dispense de vos adieux; sortez sans déranger personne et sans vous faire remarquer.

A Paris, une lettre d'invitation à une soirée signifie ordinairement que vous êtes invité pour tout l'hiver. Vous attendriez vainement une seconde lettre.

Il est bon, dans un bal, d'avoir une table de jeu ; car tous les invités ne sont pas des danseurs, et un maître de maison doit veiller à ce que chacun trouve un plaisir chez lui.

Quelques soirées sont coupées agréablement par un fin repas. M. Tourangin excelle dans ce genre de réception, et personne ne fait mieux les honneurs d'un bal que son aimable femme. M. de Castellane donnait et donne sans doute encore des soirées pleines de merveilles, où figuraient des jardins enchantés, et où les plus gracieuses femmes et les hommes les plus distingués déployaient, sur un petit théâtre d'un goût parfait, de véritables talents dramatiques.

Dans une simple soirée, les maîtres de la maison doivent, par leur esprit et leur entrain, mettre tout le monde à l'aise. Nulle part ce but ne fut mieux rempli qu'aux soirées de feu Charles Nodier, d'aimable mémoire. Là tout était animé par la vivacité de sa charmante fille et par le charme de la conversation de cet illustre écrivain.

Le choix des invités n'est pas un des points les moins difficiles. Dans le salon d'un homme politique, il faut réunir autant que possible toutes les opinions. Dans les soirées de tout genre, l'homme connu par ses impertinences ou par l'immoralité de ses saillies, sera banni par quiconque est jaloux d'observer les convenances.

Il est de mauvais goût de dire trop haut son opinion dans une soirée, de rester trop longtemps à la table de jeu, quand on est jeune et connu pour être un bon danseur.

C'est une attention délicate de se placer derrière le siége d'une dame qui est au piano et de tourner les feuilles de musique. Il ne faut pas oublier non plus de reconduire sa danseuse à sa place, et là un petit compliment bien tourné n'est pas hors de propos.

Conversation.

Les causeurs amusants sont fort rares, et pourtant, que d'espèces de causeurs ! Vous avez d'abord l'historien de ses aventures, qui fait passer dans le feu roulant de ses récits jusqu'à ses gamineries de collége ; le causeur gastronome, qui, avant de vous donner un chétif dîner, vous régale de la description de tous les mets célébrés dans la *Cuisinière Bourgeoise*, et dans le fameux Elzevir, intitulé le *Cuisinier Français*. Le diseur de fadaises, beau Léandre des dames à spasmes et à vapeurs ; le frondeur impertinent, qui ne voit du soleil que ses taches ; le causeur qui a pour spécialité le compte-rendu de tous les scandales, et tant d'autres qu'il serait trop long de nommer.

Si des intérêts importants doivent se mêler à votre conversation, le savoir-faire doit s'unir alors au savoir-vivre. Avant d'aborder la question principale, sondez le terrain, préparez votre homme à vous être favorable par quelque flatterie adroite, et n'arrivez au fait que lorsque vous verrez de quelle façon doit être présentée votre demande, pour produire plus d'effet sur l'esprit dont vous avez cherché à vous rendre maître en étudiant sa nature. Le chevalier de Létorière, étant en procès, alla voir tous les juges, apprit à connaître leur caractère, plut à chacun après avoir flatté les goûts de tous qu'il avait su observer, et gagna son procès.

Il est des expressions qu'il faut éviter dans la conversation, telles que Hein ? Bah ! Les noms de parenté doivent être précédés des mots Monsieur et Madame. Monsieur votre frère a fait telle chose ; Comment se porte madame votre mère ?

Si vous voulez être agréable à une femme, amenez adroitement la conversation sur les toilettes les mieux portées, afin d'avoir l'occasion de louer la sienne. Faites-la sourire, laissez son esprit battre parfois le vôtre, et vous serez proclamé par elle le plus charmant des hommes. Vous aurez été poli et habile.

La femme qui veut qu'on vante sa conversation évitera le ton minaudier, les gestes affectés, le rire forcé. Elle donnera à ses paroles un tour simple et aisé, un gracieux abandon qui ne dépassera pas les bornes de la décence. Ses lèvres souriront avec franchise ; elle ne s'écoutera pas parler ; il y aura de la conviction dans son accent, de l'animation dans son regard. Savoir plaire, c'est aussi savoir vivre ; car le but du savoir-vivre, n'est-ce pas de charmer ce qui nous entoure? de nous faire estimer et aimer en même temps?

Tout le monde sait qu'on ne saurait interrompre sans grossièreté celui qui nous parle, et qu'il est ridicule de pousser jusqu'à ses dernières limites une discussion qui devient irritante.

Certains hommes ont la manie de citer à tout propos les Grecs et les Latins. C'est un travers, ce sont des pavés que vous tirez d'une tombe pour assommer les vivants, car rien n'est fatigant comme un pédant.

Si vous sentez la supériorité de votre esprit sur celui de la personne qui s'entretient avec vous, ne l'en écrasez pas ; ce serait un triomphe sans gloire et un manque de savoir-vivre. Gardez-vous aussi de parler avec légèreté de sujets qui portent en eux un saint caractère.

Certains beaux-esprits ont parfois du succès dans les sociétés. Rien n'est plus fade et de plus mauvais goût cependant que leurs prétentieuses tirades et leur air suffisant.

On s'imagine communément que l'art d'écrire et l'art de converser ne font qu'un ; c'est une grande erreur ; un homme de génie peut être un causeur insipide.

Il y a deux grandes manières de rendre une conversation intéressante, c'est de l'animer par des récits qui émeuvent et vont saisir le cœur, ou de la semer d'anecdotes et de mots piquants. Rivarol était passé maître dans ce dernier genre.

Le jeu.

Il est de mauvais ton pour un jeune homme, nous l'avons dit, de rester constamment à une table de jeu, quand des dames ont besoin d'un danseur dans la salle voisine ; cependant, un homme doit toujours savoir un ou plusieurs jeux, car il est poli de faire la partie de son hôte et des personnes qu'il reçoit, si on y est invité.

« Un jour il y avait soirée chez l'ambassadeur

» d'Angleterre; on y jouait très-gros jeu. La
» maréchale S* tenait les cartes à une table d'é-
» carté. Derrière elle était placé un jeune offi-
» cier. Il pariait et il avait déjà beaucoup perdu,
» lorsque la chance tourna; il gagna, fit paroli;
» la maréchale, pour qui il pariait, passa six
» fois de suite. Le jeune homme avait à ramas-
» ser un monceau de pièces d'or; mais l'opéra-
» tion était difficile à cause de la haute taille et
» des larges formes de la maréchale. Enfin
» l'heureux parieur se risque : il se dresse sur
» ses pointes, étend les bras par-dessus la noble
» et large dame, ramasse l'or sur le tapis, en
» rapprochant ses mains l'une de l'autre, puis
» il tente de le ramener à lui par la même voie ;
» mais, à raison de la vive émotion qu'il
» éprouve, ses mouvements sont mal assurés :
» à peine a-t-il élevé les mains par-dessus la
» maréchale, que ses bras se disjoignent, et
» une pluie d'or inonde la maréchale. Ah !
» Monsieur, s'écrie madame S*, Monsieur me
» prend-il pour Danaé. Cette apostrophe, l'hila-
» rité qu'elle fit éclater achevèrent de déconcerter
» le jeune homme, qui s'esquiva avec ce qu'il
» avait pu sauver du naufrage. Mais il n'en fut pas

» quitte pour si peu. On ne l'appela plus que le
» petit Jupiter. »

Les dettes de jeu se payent dans les vingt-
quatre heures.

Certains joueurs affectent de cacher leur jeu
aux personnes qui les entourent; c'est de mauvais ton. Si c'est un plaisir pour la galerie de
vous voir jouer, en quoi vous gêne ce plaisir ?
Et vous gênerait-il, vous ne devez pas le montrer.

Dans les parties où le jeu est commun pour
deux joueurs, il n'est pas rare de voir l'un
de ces joueurs reprocher aigrement à son asso-
cié un coup qu'il juge être maladroit. Le plus
maladroit des deux n'est pas alors celui qu'on
pense.

L'homme qui se plaint bruyamment quand il
perd, qui laisse éclater sa joie quand il gagne,
ou qui élève la voix à tout propos, est un mal
appris indigne de tenir place dans un salon.

CHAPITRE III.

Logement.

La distribution du logement est chose importante. Il est de mauvais ton de faire traverser une salle à manger ou une salle à coucher à son visiteur pour le conduire au salon. Le cabinet de travail doit être placé derrière les appartements de grande réception. On reçoit dans son cabinet les intimes, les collègues. Le salon est réservé aux visites de cérémonie. Beaucoup de personnes cependant reçoivent dans leur cabinet des hommes de distinction qu'ils voient pour la première fois et ne sont pas réputés avoir manqué aux usages du monde. Il est assez d'usage de faire passer le visiteur par plusieurs appartements avant qu'il arrive au cabinet de la personne qui le reçoit; c'est un moyen de montrer la richesse de son ameublement, la beauté des tableaux qui décorent ses pièces, le bon goût et le luxe du maître de la maison.

Une chambre ne doit pas être encombrée de meubles. Un divan, quelques fauteuils, un piano, des tableaux d'un goût sévère suffisent avec une pendule et des vases de Sèvres pour orner un salon, les boutons de porte de cristal sont fort convenables. Le grand ton exige un tapis des Gobelins; les portières de velours ont aussi quelque chose de riche et de majestueux qui va bien aux grands appartements. On a adopté les meubles tournés et sculptés; cette réminiscence du vieux temps est d'un grand goût. Un salon du grand monde est fort bien paré par des fauteuils de satin brodé à la main.

Le cabinet de travail doit être sans prétention. Une bibliothèque de livres choisis, quelques petits tableaux d'un goût moins sévère que ceux du salon, une ou deux statuettes, des siéges fort simples, un paysage pour dessus de porte, un petit bureau à pieds tournés, voilà l'ameublement du cabinet.

Dans votre salle à manger, des tableaux représentant des fruits, des scènes de table, des copies de Jordaens... pas de meubles superflus. Trop de luxe y serait ridicule.

De petits meubles en bois de citronnier sont charmants dans le boudoir d'une femme. Les tableaux d'après Boucher et Watteau sont les plus jolis dessus de porte qu'on puisse imaginer.

De l'appartement passons au jardin. Les riches jardins doivent être ornés de statues; mais il serait ridicule de trouver dans un petit parterre un grand dieu de marbre de l'ancien Olympe. Il n'est pas rare de voir des personnes dans une modeste aisance qui veulent singer le luxe des opulents du monde. Ils n'arrivent qu'à être ridicules. Un bon bourgeois, qui possédait un jardin de quelques toises, eut l'idée de le parsemer de bassins avec des groupes en grossière argile. Il plaça çà et là des statues de plâtre, fit faire une mare de six pieds de long, qu'il appela pompeusement sa pièce d'eau, entoura le tout d'arbres et d'arbustes et se promena triomphalement dans son parc. Il croyait avoir égalé pour le moins le célèbre Lenôtre et avoir transporté dans son domaine les jardins de Versailles.

Tout doit être simple dans un petit jardin.

Plusieurs plantes semblables entourant un joli arbuste font un effet charmant quand elles sont en fleurs. Les bordures de buis, de marguerites, de primevères et de gazon d'Espagne conviennent à un petit parterre. Il serait ridicule de le border de ces plantes aux longues feuilles qu'on voit dans les grands jardins.

Une corbeille rustique est de fort bon goût au milieu d'un parterre. Les grands arbres, tels que les platanes et les sycomores, sont réservés aux parcs et formeraient une étrange discordance, au milieu des arbrisseaux et des quenouilles d'un parterre.

Dans un vaste jardin je n'ai rien remarqué de plus charmant et de meilleur goût que ces bassins aux bords de marbre entourés de myrtes et d'orangers et couronnés par de grands arbres qui forment le berceau au-dessus des groupes sculptés par un habile statuaire. Cette couronne de marbre blanc et d'arbres verts est pleine de poësie et de grandeur.

Les grandes cascades n'appartiennent qu'aux demeures princières, mais le modeste jet d'eau a bien son charme. Mettre un cygne dans une petite pièce d'eau est de mauvais goût.

Les allées formant tapis vert ne sont d'un bon effet que dans un immense jardin; partout ailleurs elles seraient bizarres.

Un riche propriétaire qui veut embellir une grande plaine, peut y planter, comme dans celle qui touche Trianon, des îles d'arbres à des distances calculées les unes des autres; cela est d'un aspect charmant.

Le verger doit toujours être placé après le jardin et le toucher, c'est le fruit naissant de la fleur. Les dessins singeant le dédale dans un petit espace sont souverainement ridicules et ils le deviennent encore plus si vous surchargez les allées de grands vases en forme d'urne.

J'aime peu ces cabinets de lattes qui ressemblent à de grandes cages de bois; un berceau d'arbustes, une verte tonnelle formée par la seule nature est bien plus agréable aux yeux.

Avez-vous un bouquet à cueillir dans votre jardin pour une jeune fille, coupez un bouton de rose blanche prêt à s'épanouir, une branche de jasmin, des violettes ; et n'allez pas y mêler des dahlias, des pivoines, des renoncules, des scabieuses. Il est de bon goût de donner à une jeune personne une branche d'oranger en fleur ;

pour une jeune femme mariée vous pouvez cou—
per en souriant une branche de myrte ! Réser—
vez les camélias, les lauriers roses, les grosses
roses pour les dames d'un âge respectable. La
délicate fleur du rosier bengale, épanouie ou
non, peut être offerte à une jeune fille.

Le bouquet symbolique eut grand cours au—
trefois; aujourd'hui il est passé de mode. Le
langage des fleurs est charmant, si vous le vou—
lez, mais il rend l'impertinence trop facile.

CHAPITRE IV.

Dîners en ville.

—◦◦◦—

« Convier quelqu'un, dit Brillat-Savarin, c'est se charger de son bonheur pendant tout le temps qu'il est sous notre toit. » Se charger du bonheur de quelqu'un c'est être bien ambitieux; il est si peu de gens qui peuvent être heureux tout un jour. Nous changerons ainsi la phrase de Brillat-Savarin : « Convier quelqu'un, c'est s'engager à faire son possible pour qu'il soit satisfait du plaisir qu'on lui donne. » Et pour cela, l'essentiel est de connaître les goûts de son monde. Inviter deux ennemis dans un grand repas n'est pas une maladresse, mais c'en est une impardonnable de les inviter à une table de quelques couverts, à moins qu'on ait des voies toutes prêtes de conciliation, et encore est-ce une gaucherie, car on ennuie ainsi les autres convives de débats qui ne peuvent les intéresser en rien.

« Le plaisir de la table, dit l'auteur de la *Physiologie du goût*, est de tous les âges, de toutes les conditions, de tous les pays, de tous les jours; il peut s'associer à tous les autres plaisirs, et il reste le dernier pour nous consoler de leur perte. » Pour que rien ne trouble ce plaisir, il faut veiller à ce qu'aucun propos ne blesse la personne de l'un des conviés; ainsi, quand la conversation vient à tomber sur un sujet qui met mal à l'aise l'un des assistants, la bienséance veut que le maître de la maison détourne adroitement cette conversation sur un autre objet.

L'invitation à un repas doit se faire deux jours au moins à l'avance, hors les cas fortuits. L'invitation d'un inférieur à son supérieur se fait en personne.

Dans les dîners de cérémonie, la place de chaque convive est désignée à l'avance; j'ai cependant assisté à des repas où le très-noble maître de la maison plaçait à sa droite et à sa gauche les personnages les plus considérables, assignait une place à sept ou huit autres personnes, et laissait le reste libre du choix. Mais il vaut toujours mieux indiquer à chacun quel sera son couvert ; on évite ainsi de mettre plusieurs dames à côté l'une de l'autre, ce qui serait une fort belle guirlande, mais de mauvais goût. Une dame doit avoir un cavalier près d'elle.

Le maître de la maison offre la main à la femme qui mérite qu'on lui marque le plus de considération. Les jeunes gens doivent céder le pas aux personnes plus âgées. Qu'on n'oublie pas, en franchissant le seuil d'une porte, de passer avant la femme à laquelle vous donnez le bras. Vous devez agir ainsi dans cette circonstance seulement, dans tout autre cas vous devez vous retirer d'un pas pour laisser passer une dame.

Avant de passer dans la salle à manger, les hommes présentent le bras gauche aux dames et les conduisent jusqu'à la table.

Il faut bien se garder d'arriver trop tard ou trop tôt. On est fâcheux dans les deux cas. Dans le premier, on gêne le maître de la maison ;

dans le second, on dérange les convives.

Une fois à table, vous ne devez perdre de vue ni l'assiette ni le verre de votre voisine, et vous montrer empressé sans affectation.

On ne coupe sa viande qu'à mesure qu'on veut en porter à sa bouche.

On rompt son pain au fur et à mesure qu'on le mange ; après le potage on laisse sa cuiller sur l'assiette, attendu qu'elle ne doit plus servir.

On se sert ordinairement de trois verres dans un repas : l'un est pour les vins ordinaires, l'autre, de plus petite dimension, reçoit le bordeaux, le troisième est celui qui se couvre de la mousse pétillante du champagne.

Vous devez dire à votre voisin : « Monsieur, pourrai-je vous offrir » ; et non pas employer ces mots de mauvais ton : « Si vous en voulez. »

Vous ne devez sortir aucun objet de vos poches pour le poser sur la table.

La serviette doit être mise sur les genoux dépliée à moitié seulement.

La fourchette ne se pose jamais sur le dos. L'amphitryon fait changer les couteaux au dessert ; les assiettes ont aussi différentes formes : l'assiette du potage est creuse, les autres

mets sont servis dans la vaisselle plate. Les assiettes de dessert surchargées de grands dessins
sont de mauvais ton. Les porcelaines de Sèvres
sont justement recherchées. Une riche orfévre-
rie est de rigueur dans un somptueux repas;
mais il faut que tout soit assorti. Si vous servez
les mets dans des assiettes de faïence, n'allez
pas servir le café dans des tasses de porcelaine
de Sèvres accompagnées de cuillers de ver-
meil.

On sert aujourd'hui les plats sur des réchauds
d'argent pour leur conserver leur chaleur;
c'est une mode ingénieuse.

La symétrie varie. La plus grosse pièce doit
être au milieu de la table comme le clocher au
milieu du village.

L'amphitryon sert le potage en faisant passer
les assiettes à droite et à gauche. Il doit savoir
découper pour éviter ce soin à ses convives.

Dans les grandes maisons, plusieurs valets
en livrée se tiennent debout autour des tables.

Il est ridicule de laisser une heure en l'air
l'assiette servie qu'on vous tend, en se défen-
dant de la recevoir.

On doit être sobre de toasts. Dans la bonne

compagnie, on n'en porte que fort rarement.

L'usage du bol, après le repas, est d'assez mauvais goût, bien qu'il ait été adopté avec empressement lorsque les Anglais nous importèrent cette invention peu propre, qui fait ressembler les convives à des poissons qui dégorgent.

On a adopté, dans un grand nombre de maisons, qui devraient pourtant donner l'exemple du bon ton, une autre mode qui nous paraît aussi de fort mauvais goût. Cette mode nouvelle permet aux hommes de quitter quelques instants la compagnie et d'aller fumer leur cigare ; après quoi ils reviennent apporter aux dames les parfums du tabac dont leurs habits sont imprégnés, et qu'exhale leur bouche. C'est chez un ancien ministro, M. T***, que j'ai été témoin pour la première fois de ce nouvel usage.

Les Romains savaient entourer de jouissances qui nous sont inconnues les plaisirs de la table, et les Grecs mettaient plus de poésie dans leurs festins que notre France gastronomique, un peu prosaïque. Aux banquets de la Grèce les coupes sculptées étaient couronnées de roses ; des musiciens et des danseurs égayaient la fin du repas , et les saillies du bouffon en titre mettaient les convives en bonne humeur.

La coupe qu'on faisait passer de main en main, à Rome et dans la vieille Ecosse , est encore un usage que j'aimerais à voir renaître.

L'usage de faire découper les viandes par un écuyer tranchant est emprunté des Romains. Quand on vous sert un plat de viande ou de légumes, gardez-vous bien de retourner les morceaux, de choisir à droite, à gauche, avant de passer à votre voisin le mets que vous tenez.

La fourchette, le couteau et géneralement tous les ustensiles de table ne doivent jamais être donnés du côté de la pointe, et doivent être tenus par le milieu.

CHAPITRE V.

Duels.

Il ne faut jamais chercher un duel; mais il est des cas où il est bien difficile de l'éviter. Le Français aime mieux, en général, s'exposer à la rigueur des lois que de passer pour un lâche, que de laisser souffleter son honneur. Mais souvenez-vous bien que si la société ne peut refuser son estime au courage vengeant l'honneur, elle ne peut avoir que du dédain pour le bravache toujours prêt à tirer sa flamberge. Beaucoup de personnes veulent qu'on proscrive le duel de tous les pays. Les lois ont même été parfois très-sévères contre les duellistes, et il est encore défendu, en France, de se battre. On a raison sans doute de vouloir proscrire ce fléau, mais qu'auriez-vous fait, par exemple, dans la position du jeune officier dont je vais vous parler.

« Dans un bal, un jeune lieutenant donna, à Moulins, un bouquet de violettes à sa danseuse. Un jeune étourdi qui aimait cette femme, en conçoit soudain une jalousie furieuse. C'est un fat, s'écrie-t-il, et malgré les efforts d'un ami qui veut le retenir, il s'élance, arrache le bouquet et le jette à terre. — Vous êtes un impertinent, s'écrie l'officier, et il le soufflette avec son gant. Ils sortirent aussitôt, ne voulurent pas attendre au lendemain pour vider la querelle, et se battirent au flambeau. L'officier n'eut-il pas manqué à tous les usages reçus en laissant insulter sa danseuse sans forcer l'insulteur à lui rendre raison de cette offense ? »

Il est de mauvais ton de donner un soufflet. Les gens bien élevés se battent quand on les y force et ne se soufflettent pas. L'offense reçue, il est d'usage d'échanger sa carte contre celle de l'offenseur. Le lendemain, chacun des deux adversaires choisit ses témoins. On peut en prendre même un troisième, cela se fait souvent dans les duels qu'on appelle sérieux. Généralement on donne ce nom aux duels à l'épée. Celui qui se bat laisse les témoins régler entre eux les conditions du duel. Les témoins de l'offensé, après avoir pris connaissance détaillée des motifs du duel, se rendent chez l'offenseur, qui leur nomme ses témoins. Les quatre témoins se réunissent alors et discutent. S'il n'y a pas, à leurs yeux, de voie de conciliation possible, on fixe le choix des armes, l'heure et le lieu du combat. Si l'arme choisie est le pistolet, on convient de la distance que les adversaires mettront entre eux, le nombre de pas qu'ils pourront faire l'un sur l'autre. Si l'on doit se battre à l'épée, il faut convenir si le combat aura lieu à outrance ou au premier sang. Tout cela étant réglé et signé des quatre témoins, on se sépare. On peut dresser un procès-verbal des explications échangées. Il est signé de chacun des témoins.

C'est manquer aux convenances que de se faire attendre sur le terrain. Les adversaires doivent être silencieux. Après avoir mesuré la distance fixée, les témoins chargent les armes et les remettent aux combattants, puis ils s'éloignent de quelques pas et donnent le signal. C'est l'offensé qui tire le premier.

Après les deux premiers coups de feu, les témoins font une tentative de conciliation. Si les adversaires demandent à continuer le combat, on ne peut s'y opposer.

Si le duel est à l'épée, les témoins mesurent les armes et les remettent ensuite aux adversaires qui font le salut d'usage. Il peut arriver qu'une parade sèche de quinte désarme l'un des combattants. Si l'adversaire oublie son devoir, le témoin doit s'interposer. Il est d'autres cas imprévus où l'intervention du témoin devient nécessaire pendant le combat.

Ordinairement quand le duel a été sans résultats fâcheux, la justice laisse en paix les combattants. Mais s'il y a eu mort d'homme ou blessure grave, le procès et la prison sont les suites inévitables de cette malheureuse équipée. Quand l'autorité est avertie qu'un duel doit avoir lieu, des agents se mettent à l'affût des duellistes, et au moment où ils mettent le pistolet ou l'épée au poing, on leur signifie qu'ils aient à se retirer. Le duel du duc de R... avec le prince P. B*** fut interrompu trois fois.

Le tribunal accorde des dommages et intérêts à la famille de l'homme tué en duel; l'accusé est, en outre, condamné à payer tous les frais. La peine d'emprisonnement est appliquée même aux témoins, et c'est en prison qu'accusés et complices attendent le jugement. Si l'un des témoins ou le principal accusé parvient à échapper aux mains de la justice, l'honneur veut qu'il vienne se constituer prisonnier quelques jours avant le jugement. C'est ce que fit M. Fiorentino après le duel où il blessa M. Amédée Achard.

Pour esquiver les poursuites qui attendent le duelliste, il s'est trouvé un homme d'esprit, M. de Villemessant, qui a fait tout exprès le voyage de Belgique et s'est battu avec M. de Fiennes, à Mons, hors de la portée des agents de la police française. Je cite quelques passages du spirituel article qu'il fit sur ce duel dans la *Chronique de Paris*.

« Vous aurez sans doute lu dans les journaux » la note suivante :

» Aujourd'hui mardi, 19 août 1851, une ren- » contre a eu lieu sur le territoire belge, à 500 » mètres de la station de Quiévrain, entre » MM. Charles Matharel de Fiennes et de Ville- » messant.

» Après un combat de dix minutes, à cinq

» reprises, et une blessure heureusement sans
» gravité reçue à l'épaule droite par M. de Vil-
» lemessant, l'engagement est devenu assez vif
» pour que les témoins, usant de leur autorité,
» aient dû déclarer le combat terminé.

» Quiévrain, six heures du soir.

» E. H. DE LA PIERRE. — A. MAQUET.

. . . .
. . . .

» S'il y a quelque chose au monde de plus
» fastidieux qu'un duel, ce sont les suites ou les
» poursuites qu'il entraîne; arrestation, empri-
» sonnement préventif, instruction, cour d'as-
» sises, interrogatoire, débats, réquisitoire du
« ministère public, sans préjudice de la chance
» d'une condamnation, c'est-à-dire d'une dé-
» tention plus ou moins longue, d'une amende
» plus ou moins lourde, etc. Nos témoins
» étaient donc tombés d'accord d'éviter ces tra-
» casseries judiciaires, en allant à l'étranger.
» Conformément à nos intentions, rendez-vous

» était pris par nos témoins, pour le 19 août, à
» midi, à Mons.

» Mon second était M. de la Pierre, offi-
» cier de chasseurs; celui de M. de Fiennes
» était M. Maquet, collaborateur habituel de
» M. Alexandre Dumas ; et comme l'état de té-
» moin n'est guère plus encouragé par les tri-
» bunaux belges que par les tribunaux français,
» nous nous étions, l'un et l'autre, précaution-
» nés d'un ami de rechange, spectateur offi-
» cieux . . . .
»   . . . .

» A Quiévrain nous nous trouvons enfin en
» présence de M. de Fiennes et de ses seconds.
» M. Maquet, avec la gravité commandée par la
» circonstance, s'approche de M. de la Pierre;
» M. de Fiennes prend le bras de M. Desba-
» rolles, je prends celui de l'ami Jouvin, et
» nous voilà tous les six battant la campagne, à
» la recherche d'un terrain propre à se couper
» la gorge. . . . .
» ...Il fut un temps où la dextérité du poi-
» gnet, la sûreté du coup d'œil, la souplesse du
» corps, le grand art de la parade et de la ri-
» poste, où le savoir, en un mot, faisait, l'épée

» en main, la supériorité d'un homme. La mé-
» thode nouvelle a changé tout cela; l'escrime
» n'est plus qu'une gymnastique, très-propre à
» développer la vigueur et la grâce et à fortifier
» la santé , mais parfaitement superflue , peut-
» être même préjudiciable sur le terrain. Vient-
» il à vous tomber un duel sur les bras, vous
» apprenez par cœur un coup, deux coups, trois
» coups au plus ; puis, une fois ferré sur votre
» répertoire, vous vous mettez en garde, et qu'il
» pleuve, qu'il tonne, qu'on tire le canon,
» qu'on viole la Constitution, n'importe, laissez
» faire et ne bronchez pas d'un millimètre ;
» bien fin qui vous égratignera. Tel était le jeu
» de mon adversaire. Long, bien découplé,
» fendu jusqu'aux oreilles, le bras tendu, la
» pointe au corps, il avançait, rompait comme
» sur des roulettes, sans que jamais sa grande
» diablesse de lame bougeât plus qu'un mât de
» beaupré. C'était son premier coup. Il en avait
» deux autres en réserve, mais je n'eus pas oc-
» casion de les étudier, n'ayant eu, pour ma
» part, affaire qu'au numéro un. Vous jugez si
» j'étais à la noce, moi qui ne tire qu'en sau-
» tant, vis-à-vis de ce compas humain faisant le

» grand écart et me laissant danser le cavalier
» seul à distance.

» Heureusement, à l'aspect de cette lardoire
» qui enlevait toute la gaîté de mon jeu et qui
» m'ajustait comme un pistolet, toute prête à
» faire mouche sur ma peau, j'eus l'instinct de
» comprendre que les gambades n'étaient point
« ici de saison, et qu'il s'agissait plus d'ouvrir
» l'œil que de remuer les jambes. Il faut croire
» que je ne l'ai pas ouvert suffisamment, puisque
» j'ai été blessé, trop légèrement peut-être, au
» dire de M. Fiorentino, dont l'unique duel a
» été un coup de maître ; mais, enfin, j'en suis
» quitte pour trois jours de fièvre et un em-
» plâtre d'eau *Brocchieri.*

» Une cordiale poignée de main a cimenté la
» paix, et l'épée rengaînée, j'ai franchement
» félicité mon adversaire, qui voyait le feu pour
» la première fois, de son sang-froid, de son
» courage et de son imperturbable fidélité à la
» consigne. »

Si l'offenseur est dans l'impossibilité de se
battre, et qu'il se présente un ami pour le rem-
placer, l'offensé ne peut refuser de se battre
avec lui. Dans le département de l'Allier, le

prince Edgard Ney se trouvant insulté par un article de M. Marion, lui demanda raison de cette offense. Un ami de M. Marion prit la place de l'offenseur, qui, pour des raisons que nous ignorons, ne put répondre à la provocation du prince, qui accepta son remplaçant et fut blessé à la main d'un coup d'épée.

CHAPITRE VI.

Quelques conseils aux classes ouvrières.

Les écoles gratuites permettent aux classes ouvrières de donner à leurs enfants les premiers éléments de l'éducation ; j'ai même remarqué souvent des ouvriers qui ne manquent pas d'une certaine politesse ; il serait à désirer que ce progrès fût général.

Ne croyez pas que les premières lois de la civilité soient inconnues de l'ouvrier ; il ignore certainement les usages du monde, mais, quand il le veut, il sait être convenable. Ce qui le rend ordinairement brutal et grossier, c'est le préjugé, malheureusement trop répandu, que le riche méprise le prolétaire. Grave erreur : ce n'est pas la blouse qui est repoussée, c'est la brutalité de celui qui la porte. On estime toujours le travail, mais qui pourrait estimer la grossièreté. Deux ouvriers entrent dans un café, ils y parlent comme au cabaret, affectent de couvrir d'injures ceux qu'ils nomment des aristocrates, et font tant de tapage que le garçon les met à la porte. Est-ce au travailleur que l'injure est faite? non, en vérité, c'est à l'insulteur public. Un homme en habit de prix se conduirait ainsi, qu'on le prierait également de délivrer de sa présence les personnes qu'il troublerait. Cependant, l'ouvrier ainsi traité s'écriera infailliblement : « Quoiqu'on est un ouvrier, on vous vaut bien. » Mais, en ce moment, il n'est pas un ouvrier, il est un consommateur comme tous ceux qui prennent leur café, et qui ne songeraient pas à dire, si pareille chose leur arrivait : Moi, je suis avocat ; moi, je suis médecin ; moi, je suis huissier. Dans un établissement public, dans un café, tous sont égaux devant le comptoir, et il n'est permis à personne d'être insolent.

De son côté le riche a des devoirs de convenances à garder envers l'ouvrier. Le parvenu mal appris seul se croit le droit de parler avec rudesse à ses travailleurs, seul il affecte de les humilier par le ton qu'il prend avec eux. Le riche, le noble de naissance est toujours poli envers tout le monde. Il ne va jamais jusqu'à la familiarité, mais il se fait un devoir de ne traiter personne en esclave. Aux temps de barbarie où l'on ne comprenait pas toute la puissance du travail, où les grands d'un État ne voyaient de glorieux que le sacerdoce de l'épée, on a pu dédaigner l'humble ouvrier; mais aujourd'hui que chacun peut apprécier les merveilles de l'industrie et reconnaître combien est utile le fils du peuple, ces dédains n'existent plus et on ne repousse que la bassesse, l'insolence et l'ignoble envie.

Un avis que nous donnerons encore aux ouvriers, qui méritent qu'on les conseille, c'est de se respecter entre eux. Ne pourraient-ils rendre moins fréquentes leurs scènes de pugilat qui les font ressembler à ces Anglais que pourtant ils n'aiment guère. Quand on s'appelle le peuple français il faut savoir garder sa dignité, que diable! pour cela il est indispensable d'user plus modérément de la bouteille qu'on ne le fait dans nos faubourgs.

L'ouvrier a du cœur. Si quelqu'un se livrait à des scènes scandaleuses devant sa femme et ses enfants il ne le souffrirait pas, et cependant fait-il lui-même autre chose quand il rentre ivre à son logis. L'exemple est contagieux : tel père tel fils, dit le proverbe, et c'est surtout ici que le proverbe peut avoir raison. Que l'ouvrier qui veut avoir des enfants bons sujets commence par l'être lui-même.

Encore une fois nous ne demandons pas l'impossible à l'ouvrier; mais ne peut-il se corriger, par exemple, du sot orgueil qui le pousse à voir dans un camarade plus rangé que lui un hypocrite, un espion du maître, un *jésuite* enfin; c'est ce dernier mot qu'on emploie le plus volontiers à l'atelier. Quand un de ces prétendus tartufes refuse une partie de plaisir étrangère à ses goûts, il est d'usage parmi ses camarades de ne plus le laisser en repos et de le forcer souvent à quitter l'atelier. Hâtons-nous de dire que cette lâche vengeance, exercée par l'ouvrier mauvais sujet, contre l'ouvrier laborieux et honorable, ne se pratique pas dans tous les ateliers. J'ai vu au contraire des ouvriers se faire une gloire de posséder, parmi eux, un camarade aussi rangé qu'intelligent et avoir pour lui une déférence marquée.

C'est surtout dans les grands centres industriels que le cynisme de certains ouvriers prend d'effrayantes proportions. Là il est bien difficile d'éviter la contagion du mauvais exemple ; aussi verrez-vous toujours la population ouvrière de Paris et de Lyon plus corrompue qu'elle ne l'est partout ailleurs. J'ajouterai même qu'elle y est plus brutale, bien qu'elle y reçoive plus d'éléments d'éducation. Un paysan vous ôte son chapeau sans même vous connaître, jamais il ne lui viendra à l'esprit, comme cela arrive à certains ouvriers de Paris, de vous coudoyer avec affectation s'il en trouve l'occasion. Pourquoi cette brutalité ? l'ouvrier ne voit-il pas que lorsqu'il est poli on lui en sait plus de gré *qu'à un homme du monde.* Qu'il se méfie des mauvais conseillers qui cherchent toujours à lui peindre le monde sous de fausses couleurs.

CHAPITRE VII.

Établissements publics. —Promenades. —Hôtel garni. — Théâtres. — Rues.

—◦◦◦—

Beaucoup de personnes pensent que, se trouvant dans un lieu où tout le monde a le droit de venir, ils sont dispensés pour cela de tout devoir de politesse. Ces gens-là entrent dans un magasin le chapeau sur la tête, ne saluant ni la marchande ni les chalands. Vont-ils dans un café ils posent leur canne et leur chapeau sur la table où vous prenez votre consommation et les vapeurs qu'exhalent leur coiffure plus ou moins grasse, placée sous votre nez est on ne peu plus désagréable. Pour agir de la sorte il faut être sot ou insolent au superlatif; ils croisent leurs jambes de façon à salir du bout de leur botte le pantalon de leur voisin, ils se croient en pays conquis, ils s'enflent, ils s'allongent, ils mettent un pied en l'air sur le dernier barreau d'un siége placé à côté d'eux et quelquefois sur la couverture même de ce siége; ils s'étendent tout de leur long sur le divan, privant ceux qui veulent s'y asseoir d'y prendre place. Il déplient brusquement leur journal, en écartent les deux feuilles dont les bouts vont chatouiller les joues des consommateurs qui se trouvent proche. Tout cela est de très-mauvaise société. Il ne faut pas non plus parler trop haut dans un café; si on ne lit pas les journaux ce n'est pas une raison pour empêcher les autres de les lire paisiblement.

On ne fume pas dans les cafés de bonne compagnie et l'habitude d'aller fumer à l'estaminet est de mauvais ton pour un jeune homme de famille. Un jeune homme qui se respecte ne doit pas non plus, quand il établit son domicile dans une ville, prendre un logement dans un hôtel garni. C'est cependant ce que ne manquent pas de faire la plupart des étudiants de Paris.

Sur une promenade, dans les petites villes surtout, il n'est pas rare de voir un jeune homme suivre avec obstination tous les pas d'une femme, la regarder fixement d'un air impertinent et tourner la tête pour la regarder encore; c'est le comble du ridicule ou de l'insolence.

Sur une promenade de petite ville, un négligé élégant est de rigueur; les dames y viennent souvent en grande toilette. Les officiers du régiment ne sont pas réputés galants si, dans les beaux jours d'été, ils oublient de faire exécuter quelques morceaux en plein air par la musique militaire. C'est alors que les mises brillantes sortent de leurs cartons. Il y a même souvent excès dans ces toilettes. Il ne faut pas ressembler à une châsse ambulante.

Dans un théâtre, les loges n'applaudissent qu'avec une grande modération, et pour les passages seulement qui excitent des transports d'admiration unanimes. La politesse veut que vous laissiez aux dames le devant de votre loge. L'usage de porter un bouquet au spectacle est encore reçu, mais avec beaucoup moins d'enthousiasme que jadis. Aujourd'hui, c'est le camélia qui est en vogue.

Excepté à l'Opéra et aux Italiens, un homme du monde ne peut guère se glisser au parterre. Cependant, en dépit du bon ton, je dois avertir les gens qu'une troisième loge vaut mieux à l'Opéra qu'une première, si l'on veut que le chant vous arrive dans toute sa pureté. Encore faut-il savoir choisir sa troisième.

Dans les rues de Paris, il est bien rare de voir observer les règles de la politesse, et j'avoue que ce devoir serait difficile à remplir. Mais si vous ne pouvez céder le haut du pavé et laisser passer devant vous toutes les femmes que vous trouvez sur votre chemin, évitez du moins de les coudoyer le plus qu'il vous sera possible.

CHAPITRE VIII.

Mariage.

-o✗o-

Sous la première race de nos rois, les femmes naissaient propriété de leurs parents, dit
Naudet ; et, parvenues à l'âge nubile, elles passaient en la possession de l'époux qui s'en rendait acquéreur, le mariage étant chez les Francs
un contrat de vente. Les choses changèrent avec
le temps, et l'aimable Française, d'esclave, sut
bientôt se rendre souveraine. Autrefois la femme
n'était pas recherchée pour des richesses chez
nos premiers Francs ; c'était le mari qui donnait
la dot ; cette mode-là ne trouverait guère d'ap-
probateurs aujourd'hui.

Voici, en quelques mots, les préliminaires du
mariage. La demande en mariage est faite par

les parents du jeune homme. On a soin parfois de faire sonder habilement le terrain par un ami, afin de ne pas s'exposer à recevoir un refus ; cet ami serait d'une insigne maladresse s'il abordait directement la question. Il ne faut pas que ce soit lui qui lâche le premier le grand mot mariage. Il doit vanter les qualités du jeune homme avec mesure, parler du rang que la famille de son protégé tient dans le monde, faire ressortir les chances d'avenir. S'il voit qu'on l'écoute favorablement, qu'il étudie alors le caractère de celui qu'il veut persuader, et mettre en jeu les avantages du jeune homme qui sont le plus dans le goût du futur beau-père. Cela fait, la cause est à peu près gaguée, et le jeune homme, bien renseigné sur le genre d'esprit des parents et de la jeune fille, n'a plus qu'à se montrer homme de tact, il plaira,

On ne doit pas faire attendre une réponse à une demande en mariage. Si cette réponse est bonne, une visite de cérémonie est échangée. L'entrée est obtenue pour le prétendant, et, à partir de ce moment, il doit faire sa cour assidûment, et rendre une visite chaque jour. Une toilette sévère est de rigueur ; il ne faut pas qu'on puisse pas-

ser pour un dandy ni pour un homme qui se né-
glige. Gardez-vous aussi des écarts de langage,
qui font désigner un grand nombre de jeunes gens
sous le nom d'étourneaux. La position du jeune
prétendant est très-difficile : les convenances veulent qu'il soit grave, et cependant il a à redouter
d'être ennuyeux et de déplaire à la jeune fille
en posant trop. Qu'il se montre homme d'esprit entre ces deux écueils, et sème la conversation de récits agréables pour charmer sa future
et d'aperçus sérieux à l'adresse des grands
parents.

Généralement une jeune fille demandée en
mariage, et surtout dans la bourgeoisie, se
guinde dans sa tenue, et ne croit jamais être
assez droite, assez *comme il faut*. Le bon goût
veut, au contraire, que sa tenue soit décente
sans être gauche ; et, pour cela, elle doit donner de la souplesse à sa taille par quelques gracieux mouvements. On peut être pudique sans
paraître gênée, et c'est donner de soi une
pauvre idée que de rester immobile comme une
statue dans sa robe de marbre à plis droits, et
que de répondre par oui et par non à toutes les
questions qui vous sont adressées. Il y a dans

cette manière guindée de la jeune fille bourgeoise beaucoup de la faute des parents. Quand le moment de la visite du futur arrive, on la style, on lui recommande de bien peser ses paroles, de bien veiller sur son maintien. La pauvre enfant croit dire une sottise au moindre mot qu'elle prononce, et, à peine l'a-t-elle dit, qu'elle voudrait le rattraper. Dans une telle position, avec un semblable vis-à-vis, l'embarras du prétendant se complique. Il est toujours difficile de paraître à l'aise avec une personne évidemment à la torture. Le mot heureux se glace sur vos lèvres, vous perdez tout votre aplomb, toute votre présence d'esprit, et la jeune fille finit par être aussi mécontente de vous que vous l'avez été d'elle.

N'allez pas pour cela faire prendre à votre fille les usages anglais, qui accordent à la jeune personne une liberté dangereuse. La jeune anglaise parle, agit, comme nos femmes mariées. Et ce n'est qu'après le mariage qu'on lui impose une conduite plus réservée.

Entre ces deux extrêmes, prenez le milieu de bon ton que vous offrent les usages du grand monde parisien. Mais cela n'est guère possible à une jeune bourgeoise qui n'a pas vécu dès son enfance dans le monde comme une jeune fille du faubourg Saint-Germain. Il y a des grâces naturelles, mais il en est qu'il faut acquérir par l'habitude de la société. Une jeune pensionnaire sera toujours gauche à son début, elle doit en prendre son parti. Toutefois nous conseillons aux mères de corriger dès le jeune âge certains tics, certaines poses de mauvais ton qui, une fois pris, sont difficiles à chasser. Les habitudes d'enfance se gardent longtemps, quelquefois toujours, et il est bien rare qu'un enfant mal élevé soit un jour un parfait homme du monde, ou une femme accomplie.

Le jour du mariage arrivé, les parents du futur doivent attendre la future à la municipalité où la conduit le jeune marié.

Tout ce qui a rapport aux frais d'actes de mariage et à la célébration de l'église, regarde le futur.

Les places doivent être ainsi prises dans les voitures de noces. La mère s'y assied près de sa fille; le futur et les autres parents se placent ensuite. Les parents du futur sont dans une seconde voiture.

Signature du contrat. — Corbeille.

Prenez bien vos mesures, pour que le contrat soit de votre goût en toute chose, car il serait peu poli de faire surgir une difficulté en présence de la future. Les parents, aveuglés par l'intérêt, donnent souvent le spectacle de scènes fort ridicules au moment de la lecture du contrat, et il n'est pas rare de voir un mariage se rompre par suite de cette belle équipée.

Le notaire fait la lecture du contrat chez le père de la future. Le futur signe le premier, puis vient la future et les parents. Ensuite on désigne au notaire des personnes chez lesquelles est présenté le contrat qui doit être signé par elles.

Après la signature du contrat, la corbeille, qui a fait l'objet de bien des rêves de la jeune fille, arrive enfin avec ses frais et élégants tissus, avec ses charmantes parures. Quelques pièces d'or sont cachées dans ce nid de dentelles. C'est le denier que le Franc donnait autrefois à sa fiancée.

Formalités.

Rien n'est fastidieux comme les formalités qui accompagnent le mariage. Outre le consentement des parents, il vous faut votre acte de naissance, et si vous avez perdu votre père, son acte de décès. Vous vous présentez ensuite à la mairie de votre commune. Déclaration faite que vous voulez vous marier, trois bans sont publiés, vous pouvez en acheter deux, c'est quelque chose. Le mariage doit être célébré dans la commune des futurs qui ont l'agrément de voir leur nom affiché. Onze jours après la publication, vous êtes libre de vous marier, mais vous n'êtes pas au bout des formalités. — Il faut que personne ne se soit opposé à votre union dans les onze jours qui viennent de s'écouler, et que vous ayez l'âge requis par la loi, c'est-à-dire quinze ans pour la femme et dix-huit ans pour le jeune homme. Sans cela l'union est retardée. Dans le premier cas, des explications deviennent nécessaires; dans le second, une dispense est indispensable.

Si vous êtes majeur et que le consentement

des parents vous soit refusé, autres formalités,
vous avez à faire des sommations respectueuses.
L'homme, pour faire ces sommations, doit
avoir vingt-cinq ans, la femme vingt et un.

Le mariage contracté à la mairie, vous êtes
unis devant les hommes, il ne vous reste plus
qu'à l'être devant Dieu. Votre acte de baptême
est exigible, ainsi que votre billet de confession.
Cela fait et quelques pièces de monnaie distri-
buées çà et là. Vous êtes à peu près quitte des
formalités.

Les jeunes mariés à l'église.

Il est d'usage de faire bénir une pièce de
5 francs que conservent les mariés, et de n'oublier personne dans ses libéralités. — Le père
conduit sa fille en lui donnant la main jusqu'à
la sacristie. Le père de la future ou celui qui
lui en tient lieu, la conduit ensuite par la main
jusqu'à l'autel. Quand l'anneau est présenté au
mari, il doit le prendre de la main droite nue,
et le mettre au troisième doigt de la main gauche de la mariée.

On fait tenir le poële par deux enfants choisis dans les deux familles.

La cérémonie du mariage terminée, le père du mari conduit l'épouse jusqu'à la voiture, on retourne à la sacristie où est signé l'acte de célébration, et dans l'ordre qu'on avait pris avant d'entrer à la sacristie, on sort de l'église.

Les personnes invitées à la bénédiction nuptiale ne sont pas invitées pour cela au repas de noces. Il est d'usage de payer leur chaise.

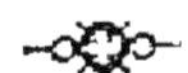

Repas, bals, cadeaux de noces, seconde toilette, bouquet.

Beaucoup de mariés s'affranchissent aujourd'hui de l'usage qui consiste à danser après la noce. Mais si le bal peut être supprimé, il n'en est pas de même du repas. Cette classique habitude se conserve, et, pour paraître à ce festin, la jeune mariée change de toilette. Les deux jeunes mariés sont placés l'un près de l'autre. Le parent le plus âgé conduit la mariée à table. Le père de la jeune femme y conduit ensuite la mère du mari. L'usage de donner des cadeaux de noces reste aussi debout.

Un conseil aux jeunes mariées. Qu'elles évitent de prendre un bouquet trop lourd ou à grosses fleurs ; c'est de très-mauvais ton. Les fleurs doivent être légères et fines, et le bouquet léger ainsi que la couronne.

Dans les visites aux amis du marié, la mère du mari accompagne sa bru. La mariée, suivie de la mère, rend les visites aux amis de sa famille.

Visites. — Lettres de faire part.

Un usage anglais veut que les mariés, après la cérémonie du mariage, s'en aillent ébaucher leur lune de miel à quelques dizaines de lieues de Londres. En France, la plupart des gens, les bourgeois surtout, aiment moins à courir la poste : on reste tout bonnement chez soi, on fait ses visites obligées, et la lune de miel n'en a pas moins de rayons dorés, à moins que ce ne soit une lune rousse. Les visites doivent se faire dans le mois ; quelques grandes maisons, fidèles à d'absurdes préjugés, refusent, dit M. E. Sue, de recevoir la visite d'une parente ou d'une amie qui a épousé un homme d'un rang inférieur au sien. E. Sue fait du roman ici comme partout. La noblesse ne refuse jamais de recevoir une femme quand elle a épousé un honnête homme. La roture qui s'élève par son mérite est parfaitement accueillie dans tous les salons.

Les lettres de faire part s'envoient maintenant après la noce. « Les parents du marié annoncent à M. X* que M. N*, leur fils, a épousé mademoiselle A*; les parents de la mariée annoncent à M. X* que mademoiselle A*, leur fille, a épousé M. N*. » Et cela toujours dans les mêmes termes, absolument comme les lettres d'enterrement.

CHAPITRE IX.

Naissances. — Décès. — Formalités.

Voici, sans phrases, les formalités que l'usage exige à la naissance d'un enfant. Il ne s'agit point ici de vous montrer, comme dans le tableau de la naissance de Pindare, les dieux et les muses réunis autour d'un berceau, mais de vous conter sèchement comment un marmot est reconnu citoyen de telle ville et fils légitime de tel père. La loi n'est pas poétique ; qu'y puis-je faire ?

« L'enfant baptisé, les parents du nouveau-
» né sont tenus d'en faire la déclaration dans
» les trois jours à la mairie de la commune où
» est accouchée la mère. Deux témoins sont né-
» cessaires pour cette déclaration. L'enfant est

» présenté à l'officier de l'état civil. On doit
» dire le jour, le lieu, l'heure de la naissance,
» le sexe de l'enfant, les prénoms qu'on veut
» lui donner, les nom et prénoms de sa mère
» et ceux de son père, si l'enfant est légitime,
» ou si, étant naturel, il est reconnu.

» Les enfants adultérins ou incestueux ne
» peuvent être reconnus.

» Le défaut de déclaration de naissance de
» la part des parents ou des personnes présen-
» tes à l'accouchement, les expose à une peine
» correctionnelle de six jours à six mois d'em-
» prisonnement, et à une amende de seize à
» trois cents francs.

» Les personnes faisant la déclaration de
» naissance d'un enfant né hors mariage, qui
» nommeraient le père de cet enfant sans y être
» formellement autorisées par lui, s'expose-
» raient à des poursuites qui amèneraient in-
» failliblement contre elles une condamnation
» à des dommages et intérêts.

» Pour obtenir un extrait d'acte de nais-
» sance, il suffit de s'adresser à la mairie de la
» commune où cette naissance a eu lieu.
» L'extrait est délivré immédiatement. »

Baptême.

Un baptême est une fête
Pour des parents, pour des amis.

Soyez donc de bonne humeur à un baptême, montrez-vous galant près de votre commère, et soumettez-vous de bonne grâce quand vous aurez à dénouer les cordons de votre bourse. N'oubliez pas le cadeau à l'accouchée, les gants, le bouquet et les bonbons de la marraine. L'usage veut que vous donniez aux pauvres et à l'église. Vous devez offrir au curé une boîte de bonbons couvrant une pièce d'argent. Il est de bon goût de conduire la marraine jusqu'à l'église en voiture. Si la marraine n'habite pas sous le toit de l'accouchée, une autre voiture est nécessaire pour l'aller prendre. Au retour de l'église, on revient chez l'accouchée, où est servi l'agape du baptême. Il reste encore un devoir à remplir, c'est de reconduire la commère et de ne pas oublier la garde-malade dans la distribution de cadeaux et de bonbons.

Décès. — Formalités.

« La déclaration du décès doit être faite par deux personnes, dont l'une soit le plus proche parent ou le plus proche voisin du défunt. Ces témoins indiqueront les nom, prénoms, âge, lieu de naissance de la personne décédée; les noms de ses père et mère, leur profession, leur état de célibat, mariage ou veuvage. »

Funérailles.

Il est d'usage d'envoyer une lettre bordée de noir aux amis du mort, pour les prier d'assister à la cérémonie funèbre. Cet envoi doit être fait par les plus proches parents. A défaut de père, mère, frères, les enfants seuls ont leur nom dans la lettre.

Aux funérailles d'un personnage distingué, on range sur deux files, à l'entrée de l'église, des pauvres tenant un cierge à la main : ces deux longues files sont rangées autour du cercueil que suivent les voitures de deuil. Toutes les personnes assistant au convoi marchent derrière, la tête découverte et en silence.

Les amis du défunt et ses proches parents tiennent les cordons du poêle. Des domestiques en grande livrée accompagnent le char, le crêpe au bras, un cierge à la main. Sa voiture vide, drapée de noir, suit le cortége. On place sur le cercueil les insignes, les décorations du mort. Les grands personnages se font représenter par leur voiture vide à un convoi.

Quand on prononce un discours sur la tombe du défunt, on ne doit pas applaudir, il faut respecter la sainteté du lieu. Aux funérailles de Laffitte, quelqu'un cria, en apercevant Béranger : *Vive Béranger !* et on fit une ovation au poëte en plein cimetière. C'était manquer à toutes les lois du savoir-vivre. Béranger le vit bien, et il se déroba le plus vite possible à cette manifestation inconvenante.

On place une couronne de roses blanches sur le cercueil des jeunes filles, et leurs compagnes, couvertes d'un voile et vêtues de blanc, suivent le cercueil, dont quatre d'entre elles tiennent les cordons. Cette simplicité a quelque chose de touchant et rappelle l'ode de Malherbe :

El rose elle a vécu ce que vivent les roses,
L'espace d'un matin.

Je ne voudrais pas d'autre épitaphe pour une jeune fille. Les fleurs seules, d'ailleurs, restent fidèles à la tombe. Tout le reste lui ment.

Dans les funérailles de l'antiquité, on poussait des cris perçants, on se couvrait de cendres, on déchirait son visage. Pourquoi tant de bruit autour d'une âme qui ne demande plus que la paix et qui, plus heureuse que nous, va enfin là trouver.

Le respect pour la mémoire du mort et des larmes versées en secret, rien de plus, rien de moins.

Un mot encore. Il est indécent de parler derrière un corbillard, et surtout de dire des choses frivoles.

CHAPITRE X.

Si le riche poli et l'ouvrier civil se connais-
saient mieux, ils n'auraient entre eux que des
rapports pleins de convenance, malgré la différence des rangs. Lisez ce récit emprunté à la
Chronique élégante :

« Un jour, un superbe équipage s'arrêta à la
porte des magasins de M. Detouche. Trois personnes descendirent le marchepied qu'abaissa
respectueusement un laquais en grande livrée.
L'une était une dame dans la maturité de l'âge;
la deuxième, au printemps de la vie, plus brillante encore de ses grâces que de ses atours,
était évidemment sa fille; le troisième person-

nage, à en juger par ses attentions et sa tendre galanterie, ne pouvait être qu'un mari en expectative. Au moment où ce groupe franchit le seuil du magasin, il coudoya, pour ainsi dire, un modeste couple, composé d'une jeune fille dont les dix-huit ans formaient la plus riche parure, et d'un beau garçon de bonne mine, en veste, et coiffé d'une casquette. La simplicité propre et soignée de leur costume annonçait d'honnêtes ouvriers. Leur familiarité décente indiquait des fiancés tout près de devenir époux. Les uns et les autres s'approchèrent du comptoir du bijoutier où ils se virent accueillis avec une égale courtoisie.

— Monsieur , dit l'élégant jeune homme , veuillez nous montrer des parures?

— Dans quel genre, monsieur?

— Les plus belles, partant les plus chères; il s'agit d'une corbeille de mariée.

— Monsieur, fit l'artisan de son côté, il nous faut un anneau d'alliance.

— De quel prix, s'il vous plaît ?

— Le meilleur marché possible, répartit la jeune ouvrière.

— Hélas ! oui , répliqua le futur en soupirant, le travail ne va pas, le mariage est obligé d'être économe.

— Qu'importe, répondit gaiement sa compagne, dès que l'amour n'en souffre pas.

— Pauvres gens ! murmura sa jeune et brillante voisine en la caressant du regard.

» L'ouvrier fit choix d'un anneau, le plus simple qu'il put trouver, et pria le bijoutier d'y faire graver les lettres H et C.

— Nos initiales ! reprit l'élégante fiancée. Pardon, mademoiselle, ce chiffre...

— Est le nôtre.

— Et le nôtre aussi. Vous vous appelez ?

— Hippolyte et Cécile.

—Et nous Henri et Cornélie ; quelle analogie singulière. Et vous ne prenez que cette alliance ?

—Dame ! mademoiselle, on fait ce qu'on peut, non pas ce qu'on veut, n'est-ce pas, monsieur Henri !... moi je suis brodeuse, lui relieur.

» Cornélie murmura quelques mots à l'oreille de sa mère, qui prit à part le bijoutier.

— Mademoiselle, dit celui-ci à la jolie brodeuse, votre alliance sera gravée dans quelques heures.

» Le soir venu, Cécile revient; on lui remet un petit écrin en maroquin.

— Eh quoi ! dit-elle, une si grande boîte pour un anneau ! Elle l'ouvre et pousse un cri de surprise; l'écrin contient une chaîne, une montre d'or et des boucles d'oreilles du même métal.

— Vous vous trompez, monsieur, reprend Cécile, en refermant la boîte avec un coup d'œil de regret ; je n'ai acheté qu'une alliance.

— Vous devez la trouver dans cet écrin.

— Mais le reste ?

— Vous appartient. C'est un cadeau de noce que mademoiselle Cornélie de R*** vous prie d'agréer pour l'amour d'elle, afin de lui porter bonheur.

— Je ne sais si je dois!..

— Pourquoi l'affliger ? elle verrait dans un refus un mauvais présage. Acceptez ce présent de bon cœur ainsi qu'il est offert, et ajoutez, je vous prie, ce médaillon dont M. Detouche vous fait hommage.

» Cécile se sentait trop joyeuse pour se faire

prier. Quelle femme, si simple qu'elle soit, n'a son petit grain de coquetterie.

» Un mois après, mademoiselle Cornélie de R***, devenue la comtesse de P***, recevait un petit paquet contenant un superbe mouchoir de fine batiste brodé à son chiffre, ainsi qu'un beau livre d'heures magnifiquement relié et décoré de ses armoiries; un billet joint à ces objets contenait cette simple phrase : Témoignage de gratitude et de dévouement. Signé : Cécile, Hippolyte.

» Depuis ce temps l'humble ménage, favorisé de la clientèle de la comtesse, de son mari et de celle de leurs amis, vit petit à petit affluer le travail et croître son bien-être. Quelque temps après leurs protecteurs, mettant le comble à leurs bienfaits, tenaient sur les fonts baptismaux une jolie petite fille à laquelle ils donnaient les noms de Cornélie-Henriette et dont ils se chargeaient de prendre soin. A quoi tient le bonheur !

» De V***. »

Voilà une touchante et charmante histoire, riches et pauvres feront bien de la méditer.

CHAPITRE XI.

Le théâtre et les acteurs.

Le théâtre devrait toujours être une étude de bonnes manières en même temps qu'une école de bonnes mœurs. Les pères y conduisent leurs enfants, les jeunes gens, avant d'aller dans le monde, viennent là s'initier à ses mystères. Il faudrait qu'ils pussent trouver sur la scène autre chose que des peintures factices de ce monde dont on leur montre trop les côtés dangereux et pas assez les côtés utiles.

La plupart de nos acteurs ont mauvais ton, cela vient du débraillé qui règne dans leur vie intime. Pour être bons acteurs ils doivent changer de vie. Les habitudes prises dans son intérieur se reflètent toujours quoi qu'on fasse, sur le maintien qu'on prend en public et dans les discours qu'on y tient. Il est indispensable qu'un acteur connaisse par ses yeux les manières de la bonne compagnie; qu'il mérite donc d'y être admis quelquefois par des mœurs plus régulières. Voyez par l'exemple de Rose Chéri combien est grande l'influence qu'exerce une vie réglée sur le jeu des acteurs. Je gagerais bien que dès son enfance madame Rose Chéri a vécu avec des gens bien élévés. Aussi voyez quelle distinction et quelle décence dans son jeu. Considérez au contraire F*** L***. C'est un grand acteur, un talent de premier ordre, mais quelle odeur de mauvaise société s'exhale de son jeu excentrique.

La bonne société conduit ses enfants au Français de préférence aux autres théâtres; est-ce parce qu'il porte le titre de premier théâtre dramatique? non, c'est parce que plusieurs de ses acteurs sont d'un bon ton parfait, qu'ils sont convenables dans leurs poses, dans leur manière de dire. C'est que les pièces y sont généralement plus châtiées, surtout l'ancien répertoire; c'est enfin que rien n'y peut faire baisser les yeux à une jeune fille ou agiter de passions dangereuses le cœur d'un homme. On vient apprendre là à être brave avec le Cid, généreux avec Auguste, religieux avec Lusignan, homme du monde avec une foule de personnages mis en scène fidèlement. La jeune femme y apprend les devoirs d'une épouse avec *Gabriel* d'Émile Augier et chacun s'en retourne satisfait et meilleur. Des pièces de mauvais goût se sont cependant glissées à ce théâtre, l'école de Victor Hugo a failli en bannir la société qui se respecte. Mais on revient aux bonnes traditions. Emile Augier a mis en fuite les extravagances de l'ultra-romantisme.

Quelques théâtres disent, pour excuser le ton déplorable de leurs pièces et de leurs acteurs, qu'il faut bien contenter son public, que les spectateurs du théâtre Montansier, de l'Ambigu, de la Gaîté s'endormiraient en écoutant les *froides* tirades du Théâtre-Français. Mais le public, c'est vous qui le faites; jouez convenablement de bonnes pièces et vous aurez un public convenable. Est-ce que le Gymnase est de plus noble origine que vous, et cependant nous y avons vu des pièces qu'avoueraient les auteurs du meilleur goût.

Si la réforme est nécessaire quelque part, c'est au théâtre, assurément. Ce ne sont pas quelques rognures faites aux pièces qui les rendront ce qu'elles devraient être, c'est l'esprit même de l'auteur qui doit changer, ainsi que l'esprit du jeu de l'acteur. Ceci intéresse la société toute entière. Les vives images du spectacle se gravent profondément dans les jeunes imaginations, et on ne peut guère se débarrasser des mauvaises impressions qu'elles ont laissées.

Talma, qui comprenait son devoir d'acteur, eût donné des leçons de dignité aux plus grands souverains du monde, et Napoléon lui-même venait étudier le grand ton de ce noble acteur.

Plus de gravelures, plus de gestes communs, plus de maniéré, plus de poses extravagantes ; ne criez plus où il ne faut qu'un accent qui touche, qui entraîne. Laissez les cris aux acteurs de mélodrame et à la halle. Faites-nous un théâtre où nous puissions dire : Il sent ce qu'il dit et il nous le fait sentir.

CHAPITRE XII.

Les quartiers de Paris.

C'est merveilleux de voir comme les choses qui se ressemblent s'attirent : chaque quartier de Paris a une physionomie qui lui est propre. Nous avons le quartier du commerce, le quartier de la vieille noblesse, le quartier de la haute finance, le quartier des rentiers, et cette physionomie à part que prend chaque quartier ne change jamais. Le noble d'antique roche vient toujours habiter son faubourg Saint-Germain ; le haut financier, la Chaussée-d'Antin ; le bourgeois, le Marais. L'homme qui veut suivre les belles manières, a besoin de connaître ces divers quartiers, pour ne pas se fourvoyer ; c'est pourquoi nous en disons quelques mots.

7

Si vous venez à Paris avec un étudiant, il vous conduira au quartier latin, dans un hôtel garni. C'est un début qui vous posera fort mal dans le monde. Si quelque personne de bonne société vient vous voir, elle ne manquera pas de dire en vous quittant : Je ne m'étonne pas du peu de connaissance qu'il montre des usages du monde. C'est, qu'en effet, vous désapprenez au quartier latin le peu que vous saviez de la politesse exigée de tout jeune homme qui veut faire son chemin dans la société. Certains étudiants, je leur demande bien pardon de ma sévérité, sont les plus mal élevés des jeunes gens de France. Ils s'emportent au moindre mot qui blesse leurs opinions, ils négligent leur mise et leur tenue, si toutefois on peut dire qu'ils ont une tenue. Ils viennent au théâtre pour siffler, il leur arrive de chanter le soir en pleine rue , ils fument partout, en présence de n'importe qui, ils affectent de prendre des manières excentriques et appellent crétin quiconque ne trouve pas ce genre de vie le meilleur des genres de vie possible. Faites votre société de pareils originaux, et vous verrez s'il vous sera possible ensuite de vous faire admettre dans un salon.

lrez-vous au Marais ? autre écueil. Si vous suivez la partie mal élevée de la compagnie de ce quartier, vous y deviendrez commun, lourd, étriqué, homme de petits détails; vous y serez commère, grand lecteur d'annonces; mais homme poli, homme sachant vivre, homme de goût, jamais.

Passez rapidement devant le faubourg Saint-Antoine, car vous ne voulez pas, je pense, faire votre cour aux vieux restes de la liberté carmagnole. Arrivez droit au faubourg Saint-Germain ; c'est là, quoi qu'en disent plusieurs publicistes, que se conserve encore religieusement le feu sacré du vieux bon ton, et les vestales qui l'entretiennent sont charmantes. Là on sait encore être aimable et courtois comme ce duc de Richelieu que vous avez applaudi dans *Mademoiselle de Belle-Isle.*

CHAPITRE XIII.

Utilité des modes.

En 1850, un spirituel auteur disait : « En
» dépit des giboulées politiques et célestes, la
» mode se fait chaque jour plus gracieuse et
» plus éléganto. Elle oppose une digue au parti
» démagogique en créant des nouveautés luxueu-
» ses, et en donnant à l'industrie et au com-
» merce un semblant de prospérité et de
» bonheur. Déjà l'hiver a été fertile en plaisirs,
» et le printemps s'annonce escorté de fantaisies
» délicieuses. »

Vous le voyez, la mode, sous ses roses, cache
un côté sérieux. C'est le luxe qui fait vivre l'ouvrier, apprenez donc les règles du bon ton.
Vous êtes utile tout en prenant un plaisir. Oui,

étudier les lois du bon ton, s'y conformer surtout, c'est être utile à la société tout en embel-
lissant la vie. Chaque bri.lante toilette est trans-
formée en pluie de petite monnaie qui va se
partageant dans cent mansardes, où elle ap-
porte le pain à la famille ouvrière.

La mode a un autre genre d'utilité, c'est de
réunir les hommes dans ces salons, ces bals, ces
fêtes, où ils se communiquent leur esprit, leurs
manières, leur savoir-vivre ; où celui qui se
croit le plus parfait apprend toujours quelque
chose, car il y a quelqu'un qui a plus de savoir-
vivre que le roi des salons, et ce quelqu'un,
c'est tout le monde. La mode n'est donc pas
aussi frivole qu'on se le figure généralement.
Vous le voyez bien, rien n'est plus sérieux que
la mode, quand elle se mêle d'être philosophe.
Ne croyez donc pas, comme Thémistocle, que la
mode soit un jouet superflu. Que deviendrait
l'industrie sans la mode, qui, par ses change-
ments continuels, alimente les arts.

CHAPITRE XIV.

Promenades. — Équipages. — Livrée. — Eaux. Petits soupers.

Il est de bon goût d'aller à la promenade en calèche ; le coupé est réservé pour les visites et les courses d'hiver.

La livrée rouge ne peut convenir qu'à une maison souveraine. Elle serait ridicule pour tout autre.

Un chasseur aux longues plumes au chapeau monte d'ordinaire derrière la voiture des grands personnages.

Les Anglais nous ont apporté un genre de voiture qui ne me semble pas, quoi qu'ils en disent, d'un goût parfait. Les rênes du *cab*, dont le postillon est assis par derrière, doivent gêner la vue en lui coupant l'horizon, et par conséquent la forme des objets.

Un mot sur le choix des promenades. C'est aux Tuileries que se va promener la société fashionable qui, du reste, prend rarement ce plaisir à pied. Le Luxembourg est abandonné aux soldats, aux étudiants et aux bonnes d'enfants. Les officiers, en y donnant des concerts en plein vent, y ont quelquefois attiré une société assez choisie ; mais le bon ton ne peut y prendre pied. Il est à regretter qu'on voie si peu de monde sur cette belle promenade.

La saison des eaux venue, Paris est désert. Le bon ton, d'accord avec la nature, veut qu'on se retire alors à la campagne ou qu'on aille briller à Vichy. Un médecin de bonne société doit toujours dire à un mari que madame ne saurait se passer de prendre les eaux.

Parlons encore des petits soupers. Ils ne sont pas aussi brillants que ceux de la régence, à beaucoup près, mais on fait bien les choses cependant chez Tortoni, au café de Paris, etc. Le bal de l'Opéra accompagne en carnaval le petit souper. Autrefois les dames de la plus haute volée pouvaient aller à ce bal. Aujourd'hui ce serait de mauvais ton.

On peut offrir à une dame une loge aux Français, à l'Opéra, aux Italiens, et ce serait une impertinence de lui en offrir une pour un théâtre où se jouent des pièces lestes et chargées do gravelures. Il faut toujours, du reste, avant de donner un billet de spectacle à une dame, connaître l'ordre de ce spectacle.

CHAPITRE XV.

Une lettre envoyée à un personnage puissant doit être mise dans une enveloppe carrée. L'enveloppe ordinaire suffit pour toute autre lettre. Le papier à vignettes est de très-mauvais goût, ainsi que ces petits cachets ornés de fleurs et de figures. Le papier sans ornement est celui qui doit être employé de préférence ; on peut le charger de ses initiales. Pour les fêtes des parents et pour le premier de l'an, vous ne pouvez guère vous dispenser d'écrire.

En écrivant à un supérieur, employez un papier de grande dimension; faites suivre au haut de la lettre le mot Monsieur du titre de la personne à laquelle vous écrivez. Laissez un assez grand espace entre le mot Monsieur et la première ligne de votre lettre. Souvenez-vous aussi que les abréviations sont bonnes dans les notes prises sur un cahier, mais nulle autre part, excepté dans le commerce.

Les billets de faire part et d'invitation doivent être affranchis, et si on n'est pas éloigné de la personne, il est mieux de les faire porter. Une lettre donnée à un tiers, si c'est une lettre de recommandation, ne doit pas être cachetée.

Si vous écrivez à un fonctionnaire, laissez une grande marge.

Un jeune homme, qui écrit à un vieillard, ferait une insigne maladresse, s'il terminait sa lettre par cette phrase si connue :

« Recevez, Monsieur, l'assurance de ma considération distinguée. »

Il doit mettre : « Agréez, Monsieur, l'expression des sentiments les plus respectueux de votre très-humble serviteur. »

Cette formule peut être employée en écrivant à un égal : « Agréez, Monsieur, l'expression de mes meilleurs sentiments, » ou : « J'ai l'honneur d'être votre très-humble et très-dévoué serviteur. »

A une femme : « Agréez, Madame, l'expression de mon plus profond respect. »

La science du blason n'est pas d'une grande utilité, cependant il est bon de connaître les armes des personnes qui vous écrivent, et les mettent sur leur cachet. Vous comprenez que vous seriez ridicule dans le grand monde, si à une personne qui vous dit : M. de C*** porte de gueules, vous alliez répondre : Et de quelles gueules? Un rire homérique vous répondrait infailliblement et on voudrait bien vous apprendre ensuite que le gueules est une couleur, marque d'une haute noblesse.

On peut ajouter au cachet des signes extérieurs. Le chevalier de la Légion d'honneur met sa croix au bas de son blason. Dans la haute hiérarchie religieuse, il est d'usage de donner une forme distinctive au cachet. Le cachet de monseigneur de Dreux-Brezé est d'un excellent goût.

Quelques mots maintenant du style épistolaire. Bien peu de gens savent écrire une lettre. Le style épistolaire doit généralement être simple, le pathétique serait absurde dans une lettre où vous avez à parler des choses ordinaires de

la vie, des travers du monde, de ses petites hai-
nes, de ses petites vanités. Soyez respectueux
et spirituels autant que vous le pourrez en écrivant à un vieillard, les vieilles gens aiment l'esprit. Le plus sûr moyen de plaire dans vos
lettres, c'est de connaître le caractère des personnes qui les recevront, de ne pas blesser
leurs faiblesses, de leur parler des objets qu'ils
ont étudiés, qu'ils aiment; c'est de faire croire
à une femme qu'on lui suppose beaucoup de
goût en lui demandant conseil sur des sujets
qui en demandent. C'est de jeter un gâteau de
miel aux lèvres toujours ouvertes de la coquetterie. Brûlez des grains d'encens sans vous las-
ser jamais, il y a un autel dans le cœur de la
femme et même de l'homme, toujours préparé
pour en recevoir le parfum. Le savoir-vivre veut
que chacun soit content de vous, faites que
chacun, après vous avoir lu, soit content de soi.
Vous aurez rempli votre but.

S'il se trouve un mot heureux dans la lettre
qu'on vous adresse, tant petit soit-il, ne le
laissez pas tomber à terre, relevez-le avec soin,
enchâssez-le et mettez-le dans votre réponse
truffé d'éloges. Vous serez proclamé, par son

maître, le plus-intelligent et le plus spirituel des hommes. Pourquoi ne pas faire plaisir aux gens pour des bagatelles qui coûtent si peu, et qui vous font des amis bien plus ardents que si vous leur aviez sauvé la vie.

Si on vous écrit des choses inconvenantes répondez par un seul mot bien poli, mais bien mordant. Vous aurez fait deux blessures. Vous aurez montré que vous êtes un homme d'esprit et que votre insulteur est un sot.

Gardez-vous de faire des éloges outrés à un homme de tact. Il verrait que vous ne pensez pas un mot de ce que vous dites, et vous vous feriez un ennemi. Pour les sots, il n'y a pas d'éloges outrés; vous leur diriez qu'ils sont des dieux, qu'ils songeraient à se procurer un autel.

Craignez d'être ridicule en imitant des modèles de lettres qui dans certaines circonstances sont pétillantes d'esprit, et qui, appliquées à des cas différents, deviennent extravagants.

Si vous écrivez à un subalterne, ne lui faites pas sentir l'infériorité de son rang, soyez poli sans familiarité.

Dans une circonstance ordinaire, si vous écriviez une épître dans le genre de la fameuse lettre de madame de Sévigné, vous seriez digne qu'on vous appliquât la fable de la Montagne qui accouche d'une souris.

CHAPITRE XVI.

Du respect dû à la religion et à la vieillesse.

Une certaine partie de la jeunesse pense être encore au temps de Voltaire, et se vante la tête haute d'être sceptique et même athée ; elle se moque du saint caractère du prêtre, et tourne en dérision tout ce qui est vénérable et sacré. Non-seulement cette partie de la jeunesse mérite le mépris, mais encore elle est de fort mauvaise compagnie. Les jeunes gens de bonne maison sont religieux. L'impiété n'est plus de mode comme aux jours où un philosophe athée croyait pouvoir faire la loi au monde.

Une chose digne de remarque, c'est qu'un homme qui ne respecte pas la religion de ses pères, est incapable de connaître les lois du savoir-vivre, et de les appliquer conséquemment. S'il va à l'église, nécessairement, puisqu'il ne croit pas, il n'aura point une tenue convenable, il troublera la religieuse assemblée, il fera des réflexions avec ses amis qui dénoteront un homme mal élevé, il semblera braver dans un regard ironique le prêtre qui monte en chaire. S'il va rendre une visite dans une maison où se trouve un prêtre, il ne manquera pas de l'accabler de sottes questions. Il poussera avec un sot entêtement la conversation jusqu'à ses dernières limites, et il ne fera pas même attention qu'il y a là des enfants et une jeune femme. Ah ! dans ces cas-là il est permis d'oublier à son tour les convenances, et de mettre notre homme à la porte par les épaules malgré la déférence due à l'hôte qui se trouve sous votre toit ; ne fussiez-vous point religieux, ayez le bon sens de ne pas le montrer.

Un autre vice de la jeunesse athée c'est son manque de respect pour les femmes et surtout pour les vieillards. Quiconque est religieux, s'impose envers la vieillesse les mêmes devoirs que s'imposait le vieux monde à cet égard. Mais les jeunes gens dont nous venons de parler affectent d'être inconvenants en présence d'un vieillard ; ils ne se gênent pas plus avec lui que s'il s'agissait d'un étourneau de dix-huit ans ; ils fumeront à son nez leur cigare, iront le voir en habit d'étudiant de mauvais ton, daigneront à peine le saluer, et ne voudront pas se souvenir que leur père est aussi un vieillard et qu'eux-mêmes vieilliront. Mais il n'est pas prouvé qu'ils respectent leur père ni qu'ils se respectent eux-mêmes. Diogène déclarait qu'il n'était qu'un chien pour se donner le droit d'être cynique.

En 1848, quels sont les hommes qui ont accueilli les doctrines qui renversaient tous les devoirs ? Ne les a-t-on pas recrutés dans les plus bas fonds de la société ; parmi ceux qui nous faisaient un crime d'être civilisés, et qui nous jetaient à la tête le nom d'hommes polis comme une injure, dans leur langage bizarre et brutal.

Le savoir-vivre, la politesse, la science du monde enfin est, qu'on se le rappelle, une digue contre les écarts de l'imagination. Quand on s'est rendu aimable dans le monde, il est bien rare qu'on veuille détruire les fondements du temple où l'on a sacrifié. Il est bien rare qu'on ne trouve pas le sens commun à ce monde qui vous paie par des éloges des efforts que vous avez fait pour lui plaire , et dont vous aimez l'esprit malgré ses méchancetés , parce que vous avez contribué vous-même à lui donner l'esprit qu'il a , parce qu'on se sépare toujours avec peine d'un vieux compagnon de route.

L'homme au contraire qui vit seul , voit son caractère s'aigrir contre le monde dont il n'entend le bruit que de loin et dont il reçoit l'écume assis sur le rivage.

CHAPITRE XVII.

Diverses observations.

--o§o--

Un roi dit : Ma femme. Il y a des boutiquiers qui disent : Mon épouse. Ces diables de gens ont toujours donné des leçons aux gouvernements. Quant à l'épouse du boutiquier elle dit NOTRE DEMOISELLE, en parlant de sa fille, et se contente de donner des leçons aux dames du faubourg Saint-Germain, qui disent tout bonnement ma fille.

Le lorgnon enchâssé entre les deux os de l'œil est aussi un genre que se donne d'abord le dandy, puis le commis, puis l'étudiant. Cet usage n'a rien de gênant pour les passants mais il a un air d'impertinence de fort mauvais ton.

Suivre une femme dans la rue et la regarder

avec affectation en tournant la tête, est encore plus impertinent que de la suivre ainsi à la promenade, surtout à Paris, pour des motifs dont nous ne pouvons parler dans ce livre destiné aux jeunes personnes comme aux jeunes gens.

Il faut éviter la familiarité avec les domestiques, mais leur parler toujours avec douceur.

Les nobles familles veulent que les enfants ne tutoient pas leurs parents. En dépit du bon ton, je blâme cet usage. Le *tu* et le *vous* n'ont rien à faire avec le respect filial.

Certaines gens ont la ridicule manie de se passer sans cesse la main dans les cheveux, de se caresser la moustache ; quelques-uns même portent un petit peigne en écaille qu'ils passent dans leur barbe partout où ils se trouvent; d'autres mordent sans cesse leurs ongles, jouent avec la clef de leur montre ou font sonner l'argent qui est dans leur poche : toutes ces choses sont des inconvenances qui dénotent un homme mal élevé.

Relever ses manches en se mettant à table, comme le font encore beaucoup de personnes, est souverainement grossier.

L'habitude de sacrer à tout propos doit être laissée aux charretiers et indique un homme de mauvais ton.

Appeler à haute voix le garçon dans un établissement public, frapper à coups redoublés sur la table, annonce un mal appris qui s'est fourvoyé.

Priser à table est maladroit, un voisin ne peut être flatté de recevoir dans son assiette les grains égarés.

Les questions indiscrètes sont impertinentes ainsi que les harangues hors de saison.

> Sauve-moi d'abord du danger,
> Tu feras après ta harangue.

Vous devez prendre fait et cause pour une personne de votre société qu'on insulte. Si c'est elle qui offense, et cela sans raison suffisante, votre rôle se borne à concilier. Vous devez même demander qu'on veuille bien excuser votre compagnon. Un bretteur agit autrement dans ce cas, mais il est ridicule de s'entêter à soutenir qu'un insolent a raison d'être insolent, et cela parce qu'il est en votre compagnie. Vous passeriez alors pour être aussi mal élevé que lui.

Obliger les gens en leur faisant sentir qu'on

les oblige, c'est perdre tout le mérite de sa bonne action.

Une jeune fille ne doit jamais écrire à son futur.

Remplir un verre jusqu'au bord est de mauvaise compagnie.

Un jeune homme ne doit jamais se rendre dans un cours public, en casquette, et encore moins la garder sur la tête.

Si vous parlez d'un ami à une personne qui n'est pas dans son intimité et dans la vôtre, faites précéder son nom du mot de monsieur. Il serait de mauvais ton d'aller dire à un concierge, à une domestique : Jules est-il ici. Dites : Monsieur Jules est-il ici.

On ne doit pas dire : Bonjour, madame; cette manière d'aborder quelqu'un est trop familière.

Un domestique de bonne maison parle toujours de ses maîtres en se servant de la troisième personne.

Un enfant ne dira pas monsieur mon père, ce serait ridicule. Il dira tout simplement mon père.

Quand vous recevez un cadeau, ce serait une impolitesse à faire à la personne qui vous l'envoie que de ne rien donner au porteur.

Si l'honneur d'une femme est attaqué, vous devez toujours le défendre. Il n'est permis à personne d'attaquer la réputation d'une dame, méritât-elle le blâme.

Vous devez, sur une promenade, régler votre pas sur celui de la dame que vous accompagnez. Si vous êtes dans une rue, vous lui laissez prendre le haut du pavé.

Si vous rencontrez des amis dans un passage étroit, prenez garde de l'intercepter. Il serait fort incivil de gêner les passants de telle façon.

Rien n'est plus ridicule que de mettre un œillet rouge à la boutonnière dans l'intention de simuler une décoration.

Conseils aux dames.

Ce qui sied bien à une femme, peut aller fort mal à une autre, et il ne faut pas être, dans ce cas, tout à fait esclave de la mode. Une taille svelte, élancée, bien prise, appelle un tissu qui dessine les formes et fasse valoir leur grâce.

Une robe de velours convient à une taille imposante, qui repousse les étoffes légères, les couleurs tendres, les ornements mesquins. Une mode nouvelle aura beau offrir ces jolis chiffons, la femme qui possède cette taille romaine doit dédaigner tous ces mignons objets. Sa tête se parera d'une coiffure sévère, une parure de diamants étincellera sur son sein. Elle est reine et doit porter les ornements de la royauté.

Une jeune fille, toute gracieuse, toute gentille, couvrira son corps de sylphide du tissu le plus transparent, elle ornera son front charmant d'une fraîche guirlande. Tout doit répondre, dans son ajustement, à la fraîcheur de son sourire, à la douceur de son regard.

Hélas ! que conseillerai-je à celle qui n'a pas reçu les faveurs de la beauté ? Mais, dans ce cas, il y a presque toujours une compensation toute prête. Remarquez qu'avec de vilains traits on a presque toujours une taille charmante, ou beaucoup de physionomie, ou un esprit vif qui fait oublier les torts de la nature.

Les fantaisies vont bien à la coquette, elle sait en tirer partie, elle joue avec elles, elle a l'art d'arranger avec goût jusqu'aux plis de sa robe. Sa toilette doit être pleine de variété, être le reflet de ses caprices.

CHAPITRE XVIII.

Le bon ton de province.

Le bon ton de province, voulant imiter le bon ton de Paris, ressemble à un pâle copiste qui voudrait imiter un tableau de grand maître, et qui n'aurait que de mauvais pinceaux et une palette pauvre de couleurs. Le luxe des jeunes gens du grand monde de la province consiste en modes de réclames, c'est-à-dire que, sur la foi d'une annonce de journal ou d'un article mode, payé souvent par le confectionneur des articles cités, on fait venir de soi-disant nouveautés élégantes, qui ne sont maintes fois que des vieilleries retapées et des rebuts de mauvais goût. Il faut être au foyer du bon ton pour avoir ses primeurs ; il faut, là, plus qu'en toutes choses, voir par ses yeux. Il est vrai que, grâce aux chemins de fer, les voyages à Paris étant faciles, il est permis au provincial de venir, chaque année, faire ses emplettes en personne. Un mari ignore le savoir-vivre et est impardonnable si, dans ces grandes circonstances, il n'amène pas sa femme. C'est lui donner le droit d'être maussade au retour du mari, car nul ne doit se mêler parmi nous, messieurs, de choisir une toilette de femme. Nous avons pour cela le goût trop lourd, nous ne sommes pas assez fantaisistes.

Il est en province des objets de luxe ignorés à Paris. Le jeune homme de famille y est fier de sa meute de chiens et de son cheval de chasse. Il en parle à tout propos, et jusque dans ses salons, ce qui n'est pas d'un suprême bon ton. Ces meutes de chiens sont souvent placées loin du logis, dans les faubourgs, où ils hurlent et empêchent de dormir les habitants de cette partie des villes. Quand on a des animaux de cette nature, on devrait bien s'arranger de manière à ne les rendre à charge qu'à soi-même.

Les jeunes gens de la bourgeoisie de province connaissent à peine de nom quelques lois du savoir-vivre. Ils passent leurvie entre une pipe et une queue de billard. Aussi, quand ils sont invités à aller dans le monde, ils ne savent ni s'asseoir, ni marcher, ni se mettre à table, ni manger, ni même verser à boire. C'est bien une autre affaire, quand il s'agit d'être aimable. Leur conversation est commune et dépouillée de tout intérêt. Ce n'est ni dans un café, ni dans une société de fumeurs, qu'on apprend, comme vous le pensez bien, à tourner un compliment, à faire briller l'esprit de celui qui vous parle en même temps que le sien. La révolution de février est venue ajouter encore au mauvais ton du jeune homme de province ; il s'est mêlé aux apôtres socialistes, et, il se sent de cette fréquentation.

Un mot maintenant sur les provinciales. Ces dames ne manquent pas d'une certaine élégance, dans plusieurs villes, mais elles n'ont pas ces manières aisées qui font ressortir le luxe des Parisiennes. Il leur arrive aussi de trop se parer et de ressembler alors à des châsses, pour peu qu'elles se guindent. Leur conversation a plus de prétention que d'éclat. Elle repose sur des caquets de mauvais ton, les banalités y abondent.

Les nobles dames de province ont pour usage d'aller rarement au spectacle ; on les voit parfois, en grande toilette, sur la promenade ; elles donnent des soirées assez luxueuses, ont un château à la campagne où elles se retirent l'été, vont souvent passer un mois d'hiver à Paris ; voilà leur vie. Il est de bon ton, en province comme à Paris , d'être dame de charité ; c'est une fureur aujourd'hui, et c'est un mérite réel.

Mauvaise éducation.

Il y a peu de familles qui sachent bien élever leurs enfants ; souvent, sans s'en douter, les personnes les plus honnêtes faussent et pervertissent le jugement de leur fils en faisant devant lui une chose insignifiante en apparence mais injuste.

Un dimanche du mois de mai, je me promenais dans la grande et belle allée du jardin des Tuileries ; la plupart des enfants qui passaient demandaient à leur père de leur donner une branche d'arbre en fleur, et aussitôt, soit à l'aide de leur canne ou autrement, ils brisaient des branches, et, tout joyeux de l'acte de vandalisme qu'ils venaient de commettre, remettaient à l'enfant leur larcin. M'adressant à un de ces bons pères, je lui dis : Sans vous en douter, vous venez de faire de votre enfant un petit maraudeur ; je dirai plus, un petit voleur ; si vous voulez bien me le permettre, je vais vous déduire les conséquences de cette branche rompue.

« Plus tard, si votre fils vient à passer près d'un arbre chargé de fruits et qu'il en ait envie, son hésitation à en prendre disparaîtra bientôt lorsqu'il se rappellera que son père a bien brisé une branche et une fleur qui ne lui appartenaient pas, etc., etc.

» Lorsque votre fils vous demandait une branche, c'était la plus belle des occasions de lui apprendre à être honnête homme. Voilà ce qu'il fallait lui dire : Mais, mon ami, tu me conseilles de commettre un vol, ces arbres ne m'appartiennent pas, et un honnête homme ne touche qu'à ce qui est à lui ; rappelle-toi bien cela, et à l'avenir ne fais à personne de pareilles demandes.

» Revenez ici le plutôt possible, il est probable que votre fils renouvellera sa demande ; vous en profiterez pour lui administrer le contre-poison ci-dessus indiqué. »   DESLOGES.

Les classes inciviles et les classes civilisées.

Il y a des classes chez lesquelles la grossièreté est héréditaire. Lorsque leurs enfants commencent à parler ils leur disent : Appelle celui-là J... F..., donne une calotte à Pierre, tape fort... etc. Et si le petit met du zèle à jurer et à battre, les parents joyeux s'écrieront : Ça fera un luron. Avis à la moitié du monde.

Les classes civilisées agiront tout autrement lorsque leurs enfants parleront assez distinctement ; ils leur diront : Joins tes petites mains, mon ami ; prie le bon Dieu pour papa, flatte ton frère, envoie un baiser à monsieur ; vois ce malheureux, donne-lui ce sou ou ce morceau de pain, pour apaiser sa faim.

Le bonheur des premiers sera de battre bêtes et gens, celui des autres sera de faire du bien à tous.   DESLOGES.

TABLE DES MATIÈRES.

FIN DE LA TABLE.

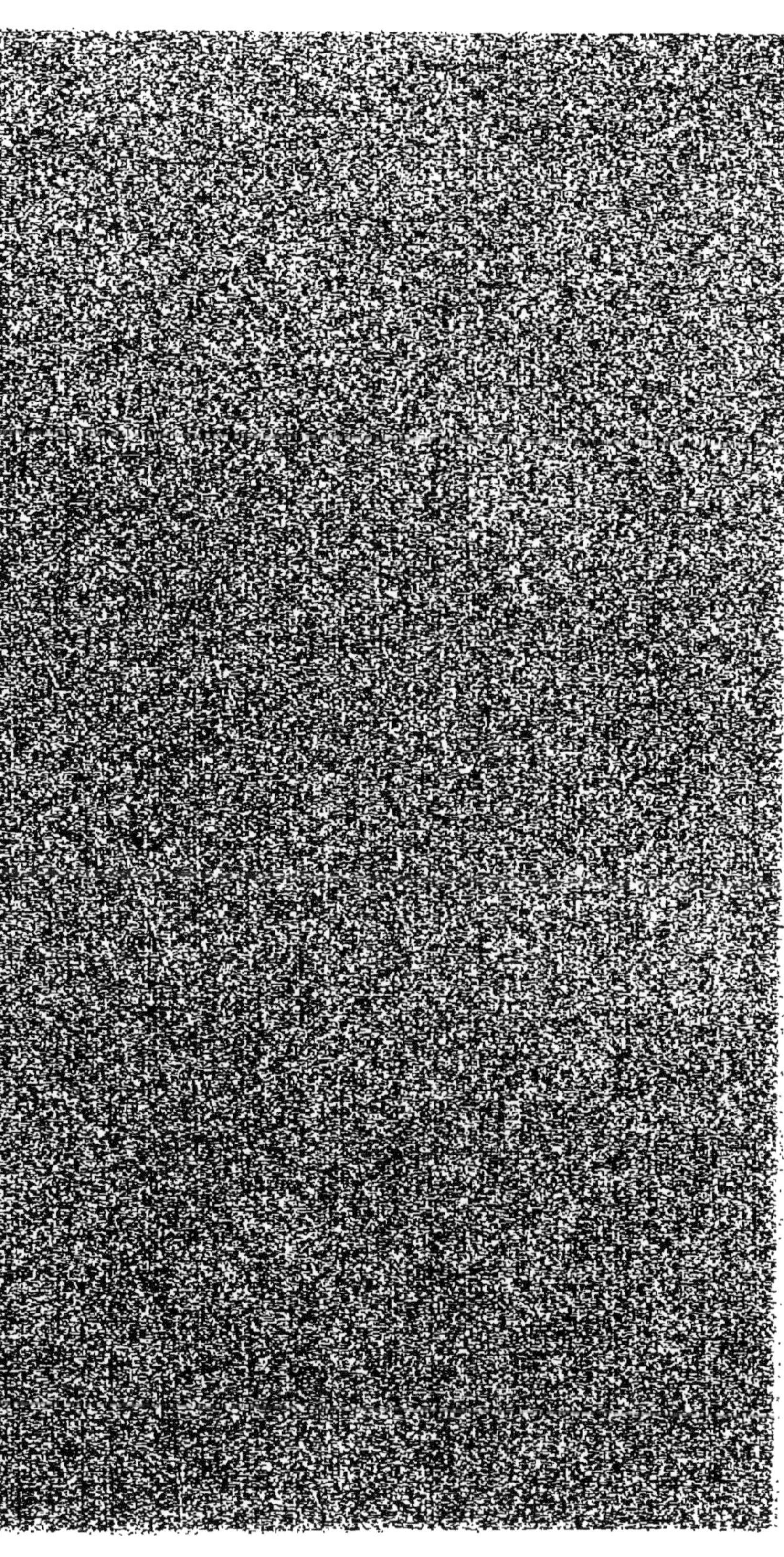

DEVOIRS
DES ENFANTS ET DES JEUNES GENS
PAR P. VATTIER.

« Donnons aux enfants, dès leur entrée
dans la vie, de saines notions sur le bonheur. »   (DEGÉRANDO.)

« L'éducation morale couronne et domine toute l'éducation de l'homme. »
                           (LE MÊME.)

1 vol. in-12. — Prix, 1 fr. 50 c.

DICTIONNAIRE
DES 1,100 LOCUTIONS
prépositives, conjonctives, adverbiales, et autres façons de
parler qui ne se trouvent dans aucun dictionnaire.

PAR M. J. REMY.

1 vol. in-12. — Prix, au lieu de 2 fr., 1 fr.

NOUVEAU DICTIONNAIRE DE POCHE
FRANÇAIS-ITALIEN
PAR M. LE CHEVALIER BRICCOLANI

1 vol. in-18. — Prix, 3 fr.

DICTIONNAIRE
USUEL ET PORTATIF DE LA LANGUE FRANÇAISE
PAR M. AUVRAY
Inspecteur de l'Université

Prix, au lieu de 3 fr., 1 fr. 25 c.

PETITES ODES ET PETITS POEMES
PAR M. ALFRED DE MEILHEURAT.

1 vol. in-8°. — Prix 1 fr.

Poissy. — Typ. Arbieu.

www.ingramcontent.com/pod-product-compliance
Ingram Content Group UK Ltd.
Pitfield, Milton Keynes, MK11 3LW, UK
UKHW022308070726
13614UKWH00002B/608

9 782019 477011